GOOD INSIDE

A Guide to Becoming the Parent You Want to Be

子どもにとってよい子育て

ベッキー・ケネディ

綿谷志穂＝訳

TOYOKAN BOOKS

はじめに

「5歳の娘が、妹に意地悪したり、親に生意気な態度をとったり、学校で感情を爆発させたりしています。どうしたらいいかさっぱりわかりません」

「トイレトレーニングを終えたはずなのに、毎回おもらしするようになりました。ごほうびも罰も試してみましたが、効果がないんです」

「12歳の子どもが、まったくわたしの言うことを聞かないんです！　すごく腹が立ちます」


大丈夫。助けになりますよ。一緒に取り組めば、解決できます。

わたしは、臨床心理学の博士号を取得し、長年個人でカウンセリングを行ってきました。わたしのところに相談に来るのは、子育て中の親たちで、みんな、いらいらや気力の喪失、絶望といった感情を引き起こす状況に悩み、解決策を探しています。口が達者すぎる5歳児だったり、トイレトレーニングが後退した幼児だったり、思春期にさしかかった反抗的な子どもだったり——相談者は、表面上はそれぞれ異なる状況を抱えているように思えますが、その根底で望んでいることは同じです。みんな、親としてもっとよいやり方があると思っているのです。

親からの相談を受けるにあたり、わたしがいちばん大切にしているのは、絶望といらだちでいっぱいの状態から、希望、エンパワメント、そして内省が可能な状態へと導くことです。一般的な育児アドバイスにはほとんど頼りません。つまり、タイムアウト法（訳注：部屋に行かせるなどして、子どもの問題行動を一定の時間中断させる方法）、できたねシール、罰、ごほうび、生意気な態度をとったら無視する、といった方法を勧めることはありません。それでは、いったいわたしはどんな方法を使うのでしょう。何より大切なのは、行動は氷山の一角でしかなく、水面下には子どもの内面世界が広がっていて、理解してもらうのを待っていると知ることです。

これまでとちがうやり方を試してみよう

わたしはコロンビア大学の臨床心理博士課程プログラムで学んでいたとき、実習の一環として子どもたちに遊戯療法を行っていました。子どもたちと向き合うのはとてもよい経験でしたが、まもなく、親との接触がかぎられていることをもどかしく感じるようになりました。子どもの親とも直接話をしたいと思ったのです。同じころ、大人のカウンセリングも行っていたのですが、そこで決定的なつながりを発見し、強く興味をひかれました。大人の患者には、子どもも時代にうまくいかなかった経験、たとえば欲求を満たしてもらえなかったり、行動を通じて助けを求めても応えてもらえなかったりした過去があることは明らかでした。大人が過去に満たしてもらえなかった欲求に目を向ければ、その知識を子どもや家族の治療にも役立てられると気づいたのです。

個人として開業したとき、わたしは大人だけを対象に心理療法や育児指導をすることにしました。マンツーマンでの相談と、継続的な毎月のグループ指導です。あるとき、カウンセラーやセラピストを対象とする訓練プログラムに参加したのですが、そこでは「根拠にもとづく」「絶対的な基準」によるアプローチで、しつけや子どもの問題行動への対処を行うことがうたわれていました。そこで教わる方法論は、合理的でクリーンに思え、プログラムを修了するころには、わたしは今日の育児専門家がいつも推奨する治療介入を学んでいました。望ましくない行動を消し去って、社会に順応した行動（実のところは、従順で、親にとって扱いやすい行動）を増やすための完璧な方法を身につけたような気がしていました。

ところが、数週間たってみて、はっと気がついたのです。この方法を使うと、最悪な気分になることに。自分が、この「根拠にもとづく」指導をするのを聞くたびに、なぜか胃がむかむかしました。

たしかに、この方法は理論的には正しいのですが、「悪い」行動を根絶し、従順にさせるために、親と子どもの関係性を犠牲にしていました。たとえば、タイムアウト法は、行動を変化させる手法として推奨されていました。でも、この方法では、子どもが親をもっとも必要としているときに、子どもをどこかへ追いやるのです。人間味は……どこへ？

こうした「根拠にもとづく」アプローチは、「行動主義」の原則、つまり、感情や思考や衝動といった目に見えない精神状態ではなく、目に見える行為を中心とした学習理論をベースにしています。行動主義は、行動を理解することよりも、望ましく形成することに重きを置きます。行動こそすべてです。その下にある満たされない欲求の表現だとは考えません。だから、「根拠にもとづく」アプローチに対して、わたしはとてもいやな気分になったのです。シグナル（子どもに実際に何が起きているか）と、ノイズ（行動）とをはきちがえていたからです。わたしたちの目標は、行動を形成することではありません。人間を育てることです。

一度そう思いはじめると、その考えを振り払うことはできませんでした。親子のつながりを犠牲にすることなく、家族の問題に対処する方法はきっとあるはずです。そこで、わたしは動き出しました。愛着（アタッチメント）やマインドフルネス、内的家族システム（ＩＦＳ）といった、個人として仕事をする上で参考にしてきた理論的アプローチを駆使し、これらの考え方を、具体的で取り組みやすく、理解しやすい育児指導法に落としこんだのです。

やがてわかったのは、親としての物の見方を「原因と結果」から「関係性」に切り替えるために、家庭の主導権を子どもに譲り渡す必要はないということでした。わたしは、タイムアウト、罰、原因と結果、無視といった手法は使いませんが、だからといって、わたしの育児スタイルは、甘くも弱くもありません。わたしのアプローチでは、明確な境界線、親の権限、確固としたリーダーシップを打ち立てながら、その一方で、ポジティブな関係性、信頼、相手を尊重する気持ちも守ります。

わたしのオフィスをたずねてくるクライアントは、子どもの行動を正すための方法を求めていますが、それ以上のものを持って帰ります。行動という表面的なものの裏にある、子どもに対する繊細な理解。そして、その理解を実行に移すためのいくつかのツールです。本書を読むことで、みなさんにも、同じものを持って帰ってもらいたいと思います。

前半の1章~11章に書かれている育児の原則は、わたしが日々実践しているものです。自宅で、3人の子どもたちと。カウンセリングルームで、クライアントやその家族と。そして、ＳＮＳでも、何年ものあいだにつながった多くの親たちと。

12章以降の後半では、よく相談を受ける具体的な子どもの問題行動について、一つずつ見ていきます。きょうだいげんか、かんしゃく、嘘をつくことから、不安、自信のなさ、引っこみ思案まで。ですが、これさえ実行すれば誰にでも効果がある、という方法は存在しません。ですが、本書のアドバイスを知ることで、問題が起きたときに、それまでとはちがう考え方ができるようになり、あなたにとって心地よく、そして子どもにとって安全な方法で対処できるようになるでしょう。

本書のアプローチは、最終的に親にとって、ただ理論的にではなく、心の奥底で、「正しい」と思えるものだと信じています。なぜなら、わたしたちは誰もが、自分の子どもはよい子だと思いたいし、よい親でいたいと思うし、そしておだやかな家庭にしたいと望んでいるからです。これらはどれも、実現可能です。どれかを選ぶ必要などありません。すべてを、手に入れることができるのです。

CONTENTS

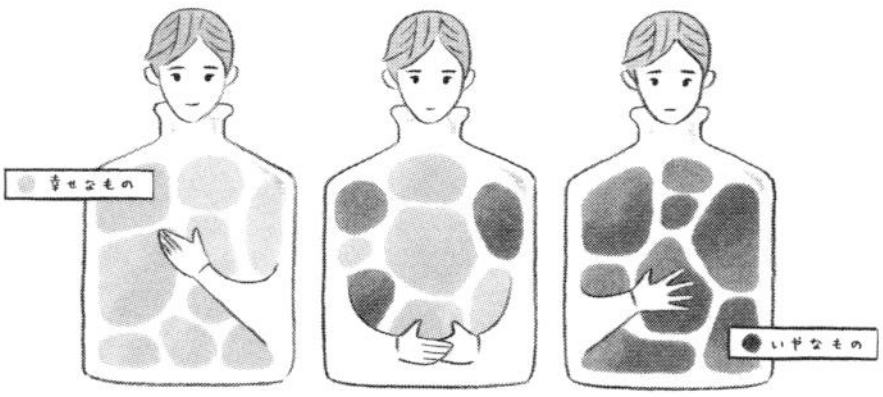

HOT COCOA

第2部各章の前半は「こんなとき」の解説、後半は具体的な対処法をまとめています

第2部 こんなとき、どうしたらいい？

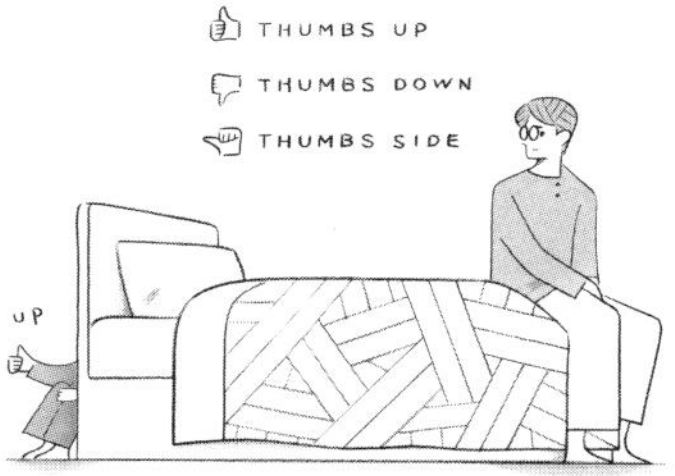
THUMBS UP
THUMBS DOWN
THUMBS SIDE
UP

第1部

子育て 11の新原則

1章 行動と内面を分ける

あなたとあなたの子どもについて、わたしが思っていることを言わせてください。

あなたたちはみんな、内側ではよい親《GOOD INSIDE》、よい子なんです。

「わがまま言わないで！」と子どもを叱るとき、それでも、あなたは内側ではよい親です。あなたの子どもが、（その場面を目撃されていたのに）妹のブロックのタワーを壊していないと言うとき、それでも、お子さんは内側ではよい子です。

そして、わたしが「内側ではよい親／子」と言うとき、わたしが意味しているのは、わたしたちはみんな、胸の奥深くでは、思いやりがあって、愛情深くて、寛大だということです。

「内側ではよい親／子《GOOD INSIDE》」の原則は、本書の中でいちばん大切なものであり、これから説明するすべての内容の基礎となります。親も子も内側ではよい親でありよい子だと信じることで、「どうして」悪い行動をとってしまうのだろう、という好奇心を持つことができます。この好奇心のおかげで、変化を起こすために役立つ枠組みや方法を実行に移せるのです。なぜなら、「よし、落ち着こう……わたしは内側ではよい親……うちの子も、内側ではよい子なんだ……」と自分に言い聞かせるとき、わたしたちは怒りやいらだちにまかせて決定を下すときとはちがうやり方で、介入できるようになるからです。

ここで問題となるのは、怒りやいらだちに主導権を明け渡すのは、とても簡単だということです。自分のことを、冷たいとか、ネガティブとか、子どもを頭から疑っている人間だと考えたい親はいません。ですが、育児中につらく苦しい瞬間が訪れると、子どもは内側も悪いのだと（ほとんど無意識に）、考えてしまうものです。

「そう言えばごまかせるとでも思ってるの?」という問いが頭に浮かんでしまうのは、子どもが親を意図的にだまそうとしていると考えているからです。「どうしちゃったの?」と言うのは、子どもの内側に欠陥があると考えているからです。「いいかげんにして!」と叫ぶのは、子どもがわざと親に反抗し挑発していると考えているからです。

同じように、自分のこともダメな親だと考えて責め立てます。「どうしてわたしはこうなの?」。そして、絶望、自己嫌悪の沼にはまってしまうのです。

多くの育児アドバイスは、この「自分は／子どもはダメだ」という思いこみを長続きさせることで成り立っていて、子どもを信頼する代わりに、支配することに重点を置きます。抱きしめる代わりに、子ども部屋に追いやります。子どもが何かを必要としていると考えるのではなく、親を思い通りにしようとしていると決めつけます。

ここではっきりさせておきたいのは、**子どもを内側ではよい子と考えることは、問題行動を見過ごすことでも、甘やかす育児をすることでもない**ということです。「内側ではよい子」という立場で育児をすると、「何でもあり」の姿勢で、子どもをわがままで手をつけられなくしてしまうという誤解があります。でも、「うちの子どもは内側ではよい子だから、友達にツバを吐いてもかまわない」とか、「うちの子は内側ではよい子だから、妹に意地悪してもいい」と言う親はいません。実際には、その逆です。みんな内側ではよい人なのだと知ることで、**人（子ども）と行動（わがまま、たたく、ぶつ、「大きらい」と言うなど）とを分けて考えられる**ようになります。その人がどんな人かと、何をしているかを区別することは、関係性を保ちつつ、意味のある変化を起こす介入を行う上で重要です。

みんな内側ではよい人だと考えることで、家庭のゆるぎないリーダーになることができます。なぜなら、子どもがよい子だと確信していれば、「よい」行動や正しいことをする能力があると信じられるからです。子どもの能力を信じていれば、子どもに道筋を示すこともできます。この種のリーダーシップこそ、すべての子どもが切実に欲しているものです。信頼できる人が自分を正しい道に導いてくれること。これにより、子どもは安心し、落ち着き、感情調整やレジリエンス（つらかったり難しかったりすることに直面したとき、成功の約束がなくても、自分を持ちつづけられる力。6章でくわしく伝えます）を育みます。「悪い」子だと思われる心配から解放され、挑戦と失敗を繰り返すことのできる安全な場を作ってやることで、子どもは学び、成長することができ、究極的には、親とのあいだにより強い結びつきを感じるようになります。

もしかすると、当然の話だと思われるかもしれませんね。うちの子が内側ではよい子なんて当たり前じゃない！と。なんといっても、みなさんはわが子を愛しています。わが子によい子であってほしいと思っていなければ、この本を読んだりしないでしょう。でも、「内側ではよい子」という考え方は、思っているより難しいもので、とくに困難な状況や、差し迫った状況では忘れがちです。

つい反射的に、深く考えずに厳しい目を向けてしまうのには、二つの理由があります。

第一に、わたしたち人間は進化の結果としてネガティブな見方をするように設定されていて、子どもに関して何がうまくいっているかより、何がうまくいっていないかに注目してしまうということ（これは、自分自身についても、パートナーや世の中全般についても当てはまります）。第二に、自分が子どもだったときの経験が、子どもの行動に対する見方や反応にも影響しているということ。つまり、わたしたちの多くは、好奇心ではなく決めつけ、理解ではなく批判、話し合いではなく罰でしつけようとする親に育てられたのです（親もまた、その親からそういう扱いを受けていたでしょうね）。

そして、流れを正そうと意識的に努力しないかぎり、歴史は繰り返します。その結果、**多くの親は子どもの行動を、わが子がどんな人間かを示す尺度とみなしてしまいます。わが子が必要としているものを知る手がかりだとは考えないのです。**行動をアイデンティティそのものではなく、欲求の表現だととらえたら、どんなことが起こるでしょう？　子どもに、短所を恥ずかしいと思わせずにすみます。認めてもらえない、寂しいと感じさせずにすみます。自分が内側ではよい子どもだと気づかせ、よりよい行動をとる手助けをしてやれます。物の見方を変えるのは難しいことですが、まちがいなく、それだけの価値はあります。

自分が親から受けた反応を振り返る

あなた自身の子ども時代を思い返して、次に挙げるいくつかの状況で、あなたの親ならどのように反応したか、想像してみてください。

・あなたは3歳。周りはみんな、生まれたての妹に夢中。ひとりっ子からお姉さんへの変化についていけず、苦しんでいるのに、家族はみんな喜ぶべきだと言います。あなたは何度もかんしゃくを起こしては、妹からおもちゃを取り上げます。ついに、こう叫びました。「赤ちゃんを病院に返してきて！　妹なんて大きらい！」。さて、どうなるでしょう。あなたの親はどう反応するでしょうか。

・あなたは7歳。オレオが欲しくてたまりませんが、お父さんに食べてはだめと厳しく言われています。誰かに命令され、何でもだめと言われるのにはもううんざり。そこで、キッチンにひとりきりのときをねらって、あなたはオレオを手に取ります。そこを、お父さんに見つかってしまいました。さて、どうなるでしょう。お父さんはどうするでしょうか。

・あなたは13歳。作文の宿題に苦労しています。両親には、もう書き終えたと言ったのですが、先生が家に電話をかけてきて、未提出だと知られてしまいました。さて、どうなるでしょう。あなたが学校から家に帰ったら、両親は何と言うでしょうか。

こう考えてみてください。わたしたちはみんな、問題を起こすものです。どの年代でも、理想どおりには行動できない、困難な瞬間を経験します。幼いときほどその経験は大きな意味を持ちます。子どもの体は、困難な瞬間についてどう考え、どう反応するかについて、回路を設定しているところで、その設定は、困難な瞬間に親がどのようにわたしたちに対して反応するかをもとに行われるからです。こう言い換えることもできます。悩みがあるとき、わたしたちは自分に語りかけます。「気にしすぎだよ」「反応が大げさ」「わたしってダメなやつ」と言う人もいれば、「ベストを尽くしているね」「自分の存在を認めてもらいたいんだよね」と言う人もいるでしょう。**どう語りかけるかは、自分が親にどんな言葉をかけられたか、どんなふうに扱われたかによって変わってきます。**つまり、さきほどの

「さて、どうなるでしょう」の問いに答えることは、自分の体に設定された回路を理解する上で、とても重要なのです。

この「回路」についてご説明しましょう。まだ幼いとき、わたしたちの体は、愛情や注目、理解や好意を向けられるのはどんな状況か、拒絶や罰を受け、放置されるのはどんな状況かを学習しています。この過程で体が収集する「データ」は、わたしたちの生存にとって必要不可欠です。なぜなら、養育者とのあいだのアタッチメント（愛着）をできるだけ強化することは、幼くて無力な子どもにとって最大の目標だからです。このような学習は人間の発達に影響を与えます。わたしたちは愛情や好意を得られるものを取り入れ、拒絶や批判、否定につながる部分を排除して「悪」とラベリングする（訳注：レッテルを貼ること）からです。

ここで注意しておきたいのは、わたしたちには、本当に悪い部分は存在しないということです。「赤ちゃんを病院に返してきて！　妹なんて大きらい！」という言葉の裏には、家族に見捨てられる恐怖と脅威の感覚が大きくなりすぎ、苦しんでいる子どもがいます。なんとしてもオレオを手に入れてやろうという反抗的な態度の裏には、おそらく、自分の存在を認めてもらっていない、生活のほかの部分でも支配されていると感じている子どもがいます。宿題をやりとげられないことの裏には、何かに悩んでいて、おそらく不安を感じている子どもがいます。「悪い行動」の裏には、必ずよい子どもがいるのです。しかし、親がその裏にいるよい子どもに気づかずに、いつも同じように悪い行動を厳しくシャットダウンさせてしまうと、子どもは、自分は悪い子だという考えを内面化します。

わたしたちは、養育者から受けた反応と同じように、自分自身に反応するようになります。それが、今度は、わたしたちが子どもに反応するときの土台となるのです。このことは、「内側でも悪い子ども」という考え方が、世代間で受け継がれやすい原因でもあります。

・わたしの親はわたしが苦しんでいるとき、厳しくて批判的だった

↓

・わたしは問題に直面すると、自分はダメな子なんだと思うようになった

↓

・大人になったわたしは、問題に直面すると、自分を責め批判する

↓

・わたしの子どもがかんしゃくを起こすと、わたしの体の中で自分の親と同じ回路のス

イッチが入る
↓
・わたしは苦しむ子どもに厳しく反応しようとしてしまう
↓
・子どもの体の中に同じ回路を作ってしまい、子どもも、苦しんでいるときに自分はダメな子なんだと思うようになる
……以下、繰り返し。

ちょっと休憩しましょう。自分を責める気持ちになっていませんか？

世代間のパターンができてしまったのは、あなたのせいではありません。むしろ逆です――この本を読んでいるということは、あなたはこのサイクルを打ち破ろうとしているということです。何らかの負のパターンを、自分の世代で食い止めようとしているのです。自分より前の世代の重荷を積極的に引き受けて、これから来る世代のために、流れを変えようとしています。なんということでしょう。あなたのせいどころか、あなたは勇敢で、立派で、わが子を何より愛しているのです。サイクルを断ち切るというのは、とても大変

な仕事で、それを引き受けようとするあなたは、とてもすばらしい人です。

いちばん寛大な解釈をする

誰かが〝内側ではよい親／子〟だと気づく近道は、自分自身に簡単な質問をしてみることです。**「いま起きたことの、MGI（Most Generous Interpretation＝いちばん寛大な解釈）は何？」**。わたしはしょっちゅう、自分の子どもや友達との関係においてこの質問をします。結婚生活や、自分自身についても、もっとこの質問をしようと努力しているところです。この言葉をつぶやくとき、それが心の声であっても、体の緊張がほどけて、もっと心地よいと感じられる方法で人に接することができるようになります。

ここで一つ、具体例で考えてみましょう。あなたは長男の誕生日に、長男だけをランチに連れていく計画を立てていて、数日前から、やんわりと次男に心の準備をさせています。「土曜日の予定のこと、話しておくね。パパとママは、お兄ちゃんとランチに行って、誕生日のお祝いをするの。おばあちゃんがおうちに来て、みんなが出かけているあいだ、1時間くらい、一緒にいてくれるからね」。それを聞いて、次男はこう言います。「ママもパパも、お兄ちゃんと出かけるの？　ぼくを置いて？　大っきらい！　最悪！」。

あなたなら、どう反応するでしょう。次から選んでみてくださいね。

(1)「最悪って、このあいだ新しいおもちゃを買ってあげたばっかりじゃない！　恩知らず！」

(2)「そんなこと言ったら、ママ／パパは悲しいよ」

(3)何も言わずに立ち去る

(4)「わあ、強い言葉だね、ちょっと深呼吸させて……すごく怒っているのはわかった。もっと話してごらん」

わたしは(4)の選択肢が好きです。なぜなら、子どもの行動をいちばん寛大に解釈している介入の仕方だからです。(1)では、次男の言葉を、ただ単にわがままで感謝の気持ちがないと解釈しています。(2)は、次男に、あなたの感情は強力で怖すぎて扱いきれず、他人を傷つけ、養育者とのアタッチメントという安心感を脅かすものだと伝えています（アタッチメントについては4章でくわしく扱いますが、簡単に言い換えれば、子どもが親に与える影響について子どもに考えさせることは、調整や共感ではなく、共依存を生むということです）。(3)は、次男に対し、あなたの言葉には耳を傾ける価値がなく、あなたの心配は親にとってどうでもいいことだというメッセージになっています。

でも、ＭＧＩを考えれば、こうなります。「うーん、この子はお誕生日のランチにすごく参加したいのね。その気持ちはわかる。悲しくて、嫉妬している。この感情はこの子の小さな体に留めておくには大きすぎて、人を傷つける強い言葉の形で爆発したけれど、その裏には、ヒリヒリと痛むつらい感情がある」。すると、次に行う介入では、わが子を内側ではよい子だとみなして、共感の言葉を述べることになります。子どもの言葉を、悪い子だというサインではなく、対処しきれないつらい感情のサインとして認めてやるのです。

ＭＧＩを見つけることで、親は子どもの外側で起きていること（大げさな言葉や、ときには大げさな行動）ではなく、内側で起きていること（大きすぎる感情、心配、衝動、知覚など）に注意を向けられるようになります。そして、この物の見方を実行に移すとき、わたしたちは子どもにも、自分の内側で起きていることに注意を向けることを教えています。子どもたちの意識を、思考、感情、知覚、衝動、記憶、イメージといった内的体験に向けます。自己調整のスキルを発揮するには内的体験を認識することが必要であり、外側より内側にあるものに集中することで、わたしたちは健全な対処方法の基礎を子どもの中に築くことができるのです。

子どもの行動のいちばん寛大な解釈を選ぶことは、子どもを「甘やかす」ことではなく、将来欠かせない感情調整スキルを構築できるように導くことです。また、このとき、子どもとのつながりや、親しい関係性が維持されます。

わたしがＭＧＩの考え方が好きな理由はもう一つあります。子どもは、常にそうなのですが、**とくに調整を失った状態（感情が現在の対処スキルを超過してしまった状態）にあるときは、親に頼ることで、自分を理解しようとします。**「ぼくはいま、どういう人間なの？　ぼくはいけないことをするダメな子？　それとも、よい子だけど、つらい思いをしているだけ？」。子どもたちは、こうした問いに対する親の答えを取りこむことで、自己イメージを形成します。わが子に、真の自信を持ってほしいなら、そして、自分自身を受けいれてほしいなら、子どもに、外側で苦しんでいても内側ではよい子なのだと示さなくてはなりません。

わたしはよく自分自身にこう言い聞かせます。子どもは、親が示す子どものイメージに反応し、それに従って行動するのだと。親が子どもに、あなたは自分勝手だと言うと、子どもは自己中心的に行動するようになります。親が上の子に、妹のほうがおりこうだというと、どうなると思いますか？　上の子はおぎょうぎの悪い態度をとりつづけるのです。ただし、その逆も成り立ちます。子どもに、「あなたはよい子だけど、いまはつらい思いをしているんだよね……ママ／パパはここに、あなたと一緒にいるよ」と語りかけるとき、子どもは自分の悩みを客観的に理解することができ、自己調整し、よりよい意思決定ができるようになります。一度、こんなことがあったのを覚えています。うちの長男が、おやつを妹と分け合うかどうか、迷っていました。わたしはこう言いたくなりました。「妹はいつもお兄ちゃんに分けてくれるでしょ！　たまにはお兄ちゃんもやさしくなって！」。ですが、別の声がこう叫ぶのが聞こえてきました。「ＭＧＩ！　ＭＧＩ！」。そこで、わたしは息子にこう言いました。「あなたは、家族の誰にも負けないくらい心が広くて、分け合うことができる子だよね。ママはしばらくリビングの外にいるから、妹と二人で、どうしたらいいか考えてみて」。長男が妹に、ほしがっているクラッカーはあげられないけれど、プレッツェルならすこしあげる、と言っているのが聞こえてきました。

完璧な結末でしょうか？　いいえ。でも、完璧を追い求めたら、成長の機会を失ってしまいます。そしてわたしは、成長の大ファンなのです。長男は、たとえすこしでも、人に譲ることを選びました。それでよしとしましょう。

問題や悩みの下に隠れた、わたしたちのよい部分を見つける方法を学ぶことほど、価値のあることはありません。なぜなら、そうすることで、自分と向き合い、自分を変える力を高められるからです。**すべてのよい意思決定は、自分自身について、そして周囲の環境について、安心を感じることから始まります。自分が本来持っているよい部分を認めてもらうことほど、安心を感じられることはありません。**ですから、この本に書かれていることとすべてを忘れてしまっても、これだけは覚えていてください。あなたは、内側ではよい人です。あなたの子どもは、内側ではよい子です。自分を変えようとするとき、この真実さえ覚えていれば、きっとうまくいきます。

2章 理解する。説得はしない

サラは、二人の男の子のお母さんです。わたしに相談しにきたとき、サラの表情からは、いらだち、自分を責める気持ち、そして怒りが見てとれました。子どもたちはかわいいし、パートナーは愛情深い人でしたが、いつも自分は子どもを叱ってばかりで、楽しく過ごせないことにうんざりしていました。「のんきになれたらいいと思いますが、誰かがルールを守らせて、物事を前に進めなければいけません」とサラは言いました。わたしはまず、ほかの多くの親とそうしてきたように、サラにも、二つのことを同時にできるという考えを認識してもらうことにしました。楽しむことと、しっかりすること。ふざけることと、厳しくすること。そして、両方になれるというだけでなく、実際に両方でいることで、よい気分になれるし、家庭もきっとうまくいくのです。

この考えは、わたしの育児アドバイスの大部分の基本となるものです。**わたしたちは、正反対だと思われている二つの現実のうち、どちらかだけを選ぶ必要はありません。罰を**

与えずに行動を正すことはできるし、ゆるぎない期待を持ったまま遊び心のある親になることができます。境界線を引いて守らせると同時に愛情を示すことができ、子どもの世話をしながら自分をケアすることができます。同様に、親の正しい判断に対して、子どもは怒ることができます。親は、だめと言われてがっかりする子どもの気持ちに寄り添うことができるのです。

この複数の現実を同時に受けいれる能力は、健全な関係性においてとても重要です。二人の人間が一緒にいるとき、そこには二組の感情、思考、欲求、視点があります。自分自身について、そして他人についての、複数の真実を同時に受けとめることができれば、関係を結ぶ二人の人間は、たとえ意見が対立していても、自分は認められている、自分の意見が尊重されていると感じることができます。お互いの体験が異なっていても、それぞれの体験が真実として受けいれられ、大切なものとして扱われるということです。強い関係性を築くには、どちらかだけが絶対的に正しい存在になってはいけません。なぜなら、人間関係の中で安心を感じるには、説得ではなく理解が必要だからです。

説得ではなく理解するとは、どういう意味でしょうか。わたしたちは、理解しようとするとき、相手の視点や感情、経験に目を向け、もっと深く知ろうとします。それは相手にこう言うようなものです。「わたしが経験していることと、あなたが経験していることはちがう。わたしは、あなたにとって何が起きているかを知りたい」。だからといって、同意や妥協をする必要はないし、自分が「まちがっている」、自分にとっての真実が成り立たないということでもありません。一瞬だけ自分の経験を脇に置き、誰かの経験について知ろうとするということです。理解という目標を持って誰かに働きかけるとき、わたしたちは一連の事実について、たった一つの正しい解釈が存在するのではなく、複数の経験や視点があることを受けいれます。理解しようとするときの目標は一つ、相手とつながることです。そして、子どもとつながることによって、子どもは自分の感情を調整し、内側でよい気分になることを学びます。ですから本書では、理解をコミュニケーションの目標として繰り返し取り上げます。

理解と正反対のものは何でしょうか。ここでは、それは説得です。説得は、一つしかない現実を証明しようとすること、「真実は一つしか成立しない」と証明しようとすることです。説得は、「正しく」あろうとすることであり、相手を「まちがっている」と結論づけることです。そこには、正しい観点は一つしか存在しないという前提があります。わたしたちは、誰かを説得しようとするとき、実際にはこう言っているのです。「あなたはまちがっている。あなたの物事の見方はまちがい、記憶もまちがい、感情もまちがい、経験もまちがい。どうしてわたしが正しいのか、説明してあげる。そうすれば、あなたも状況を理解して意見を変えるだろうから」。

説得の目標は一つだけ、正しくあることです。残念ながら、**あなたが正しくあろうとするとき、相手は、自分が見られていない、話を聞いてもらえていないと感じます。**このとき、自分の存在や価値を相手に認められていないと感じるため、多くの人は激怒したり、攻撃的になったりします。見られていない、聞いてもらえないと感じているかぎり、つながることは不可能です。

「それぞれの真実がある」モードで話す

理解（それぞれの真実がある）と、説得（真実は一つしかない）は、相手に働きかける上で、まったく正反対のアプローチです。だから、自分がどちらのモードにいるかを知ることは、どんな会話においても、有効な第一歩になります。

「真実は一つしかない」モードにいるとき、人は自分にとっての真実を攻撃されていると感じているため、相手の経験に対して批判的で敏感になります。その結果、自分の観点が正しいと証明したくなります。すると、相手は自分の経験こそ本物だと思いたいので、身構えて守りに入ったり、やりとりがすぐにヒートアップしたりします。

一方、「それぞれの真実がある」モードにいるとき、人は誰かの経験について好奇心を持ち、受けいれようという姿勢になっています。そして、誰かをより深く知る機会だと感じています。相手に心を開いて接するので、相手は守りを解くことができます。両者とも、自分が見られている、聞いてもらっていると感じ、つながりを深めることができます。

結婚や仕事、友人関係の研究によれば、**人間関係は理解し合っているとき、つまり「それぞれの真実がある」モードのときにうまくいく**ことが、繰り返し示されています。たとえば、心理学者のジョン・ゴットマンとジュリー・ゴットマンが考案した、結婚生活を成功させるための調査研究にもとづくアプローチであるゴットマン法では、二つの視点が有効であることを受けいれることが重要な柱になっています。臨床心理学者フェイ・ドールは、二つの種類の傾聴を研究し、返答するために耳を傾ける人よりも、理解するために耳を傾ける人のほうが、全体的に満足度の高い関係性を築いていることを発見しました[1*]。また、神経精神医学博士で、『しあわせ育児の脳科学』（邦訳・早川書房）の共著者ダニエル・

シーゲルは、人間関係において「感じられているという感覚」の重要さに繰り返し言及しています。シーゲルはこの感覚を、「誰かの心の中に自分が抱かれる」と説明していますが、つきつめれば、誰かの体験につながることを言っているのです。[2*] 複数の研究から、優秀な経営者は、従業員に語りかける以上に、従業員の声に耳を傾け、尊重するということも明らかになっています。言い換えれば、経営陣が常に正しいと説得するのではなく、従業員の真実を知ろうとしているということです。[3*]

わたしたち個人の場合も、自分の心の声に対して、「それぞれの真実がある」という観点で語りかけたほうがうまくいきます。わが子を愛していると同時に、自分だけの時間がのどから手が出るほど欲しいと思うこと。住む場所があるだけありがたいと思うと同時に、より充実した保育の支援を受けられる人たちをうらやましいと思うこと。よい親であることと同時に、たまに子どもに怒鳴ること。これらを両立させることを受けいれられるようになります。

多くの一見正反対な思考や感情を一度に体験する能力、つまり、同時に複数の真実を体験できるのだと知ることは、わたしたちのメンタルヘルス（心の健康）にとって非常に重要です。心理学博士のフィリップ・ブロンバーグの言葉が、このことをいちばんよく言いあらわしているかもしれません。「健全であるとは、複数の現実のあいだの空間に、それらの現実をどれも失うことなく立つことである——さまざまな自分がいると感じながら、それでいて一つの自己を感じる能力である[4*]」。

「二つの真実がある」の考え方は子どもにとっても重要です。子どもは、親は自分の感情を認識し許容しているけれど、同時に、その感情が支配権を握り、親の意思決定に影響することはないと感じなければなりません。そして、ほとんどの親にとって、それこそが目標です。**親として、わたしたちは自分がベストだと思う意思決定をしつつ、同時に、それらの意思決定に対する子どもの感情を思いやることができます。**これら二つは、まったく異なることです。二つの真実を受けいれること、二つの現実を認めることは、理解を構築し、そして子どもとつながるために欠かせないのです。

感情を受けとめてもらえると、前に進める

同じ考え方を、大人同士の関係性に当てはめてみましょう。あなたはこの1年、仕事ですばらしい成績を残し、長いあいだ先延ばしされていた昇給を受けられると、年度末の面

接で約束されました。ところが、そのあとのミーティングで上司はこう言います。「予算が大幅にカットされた上に、リストラもしなければいけなかったの。あなたは会社に残れるけど、今年はとても昇給は無理。できれば、また来年にね！」。

ここで、いったん自分の気持ちを整理してみてください。あなたは上司に対してどんな感情を抱いていますか？　落胆、感謝、満足、怒り？　きっと混乱していますよね。わたしだったらこうします。二つの真実があると考えるのです。「わたしはクビにならなくてうれしいけど、同時に、約束どおりに給料が上がらなくてがっかりもしている」。上司に起きていることと、あなたに起きていることを分けて考えましょう。上司は、ある決定をしました。この従業員をクビにはしないけれど、今年は昇給させられない。あなたは、ある感情を抱いています。落胆、裏切り、怒り、それから多少の安堵。あなたが怒っても、上司の決定を変えることはできません。また、上司がどんなに合理的でも、あなたの感情を変えることはできないのです。両方とも、理解できます。両方とも、真実です。

わたしたちは、たった一つの真実を選ぶ必要はありません。むしろ、人生では、納得しがたい複数の現実が存在することがほとんどです。いくつもの現実が共存していて、わたしたちにできることは、どれもがそれぞれにとっての現実だと認める気持ちを持つことくらいです。リストラされなかったことへの感謝は、必ずしも昇給されなかった落胆を打ち消さなくていいのです。給料について怒っているからといって、クビを免れた安堵が嘘だということにはならないのです。

先に進みましょう。翌日、上司はあなたがややしょんぼりしていることに気づきます。上司は、真実は一つしかないという考え方しかできない人です。上司はあなたのところにやってきてこう言います。「昇給は無理だったの。元気を出しなさい！　リストラされなかったことに感謝してちょうだい」。あなたはどう感じていますか？　内側では何が起きているでしょう？　自分を責める気持ち（「どうしてわたしはこんなに自己中心的なんだろう！」）が芽生えたかもしれないし、他者を責める気持ち（「上司はひどい、自分のことしか考えてない！」）が芽生えたかもしれません。または、内心激怒しているかもしれないし、評価されていないと感じているかもしれません。何もしてやらなければ、これらの感情からは、仕事と上司に対する不満が生まれ、あなたは以前ほど仕事にやる気を持てなくなってしまうでしょう。どうして、真実は一つだと考えると、こんなにもいやな気分になるのでしょうか？　なぜ、真実は一つだと考えると、理想的ではない行動の連鎖反応が起きてしまうのでしょうか？

心の奥深くでは、わたしたちはみんな、誰かに自分の経験や感情、真実を認めてほしいと思っています。誰かが見てくれていると感じられれば、自分の落胆に対処することができ、安心して内側で気分がよくなることで、他人の観点について考えてみる気になります。あなたの上司が、あなたの経験に目を向け、「どうしても昇給は無理だったの……でも、あなたががっかりしているのはわかる。わたしがあなたの立場でも、そう感じると思う」と言ったなら、感情の上では、その出来事はまったくちがうものになるでしょう。上司は、昇給しないことを謝罪する必要さえないのです。昇給は不可能だということと、あなたのマイナス感情は正当だということ、これらの両方の真実を受けいれ、言葉ではっきり認めてくれさえすれば、あなたは前に進むことができます。

「それぞれの真実がある」という考え方は、あなたと子どもの関係性だけでなく、パートナー、友人、親戚、そしてもっとも重要なことには、自分自身との関係性にも当てはめることができます。自分を信じて、必要と思われるときはいつでも、「それぞれの真実」という考え方を試し、実行してみてください。

実践① 決めたことに反発してくるとき

親子で意見が対立するのは、たとえばこんなときでしょう。子どもは、あるテレビ番組(または映画)を見たいと言っていますが、あなたは子どもの年齢にはふさわしくないと考えています。子どもはとても怒っていて、友達はみんな見ているとか、最悪の親だとか、二度と口をきかないなどと言っています。

あなたの決断 うちの子は、このテレビ番組(映画)を見ることはできない。

子どもの感情 いらだち、落胆、怒り、仲間外れ。

もし、真実が一つしか成り立たないなら、子どもの感情があなたの決断に優先されることになるかもしれません。そして、子どもの感情に寄り添うことと、親の決断とは関連していると考えるなら、あなたはまちがいなく決定を引っ繰り返して、自分が愛情深いよい親であることを証明しなければならないでしょう。

でも、それぞれの真実が成り立つなら? **きっぱり決断を下すことと、愛情深く子ども**

を認めてやることの、どちらかだけを選ぶ必要はありません。両方とも、成り立つのです。「あなたに伝えたいことが二つある。一つは、あなたはこの映画を見てはいけないってママ／パパが決めたこと。もう一つは、そのことであなたが腹を立てているのは当然だということ。怒ってもいいんだよ」

こう伝えたからといって、子どもはすぐに機嫌を直したりはしないでしょう。このアプローチは、たちまち問題を解決する魔法の言葉ではないからです。

「怒ってもいいんだよ」と言ったとき、子どもがまだいらだっているとします。まずは、落ち着いて、心の中で、自分の視点を認めてあげましょう（「わたしはよい決断をしようとしている」）。それから、引き続き、子どもの視点、子どもの真実を認めます。「うん、わかっているよ。すっごく怒っているんだよね」。そして、境界線を保ちます。「見てもいい映画はたくさんあるよ。選びたくなったら言ってね」とか、「ほかにも、今晩楽しめることはないかな？」などと付け加えてもいいですが、境界線を保った時点で、あなたはすでにお互いにとって必要なことはしています。

実践② 言い争いになりそうなとき

権力争いは、「二つの真実」の原則が崩れているときに起きることがほとんどです。自分VS相手、親VS子どもの対立の瞬間です。たとえば、外出する準備をしていて、けんかになったときのことを考えてみましょう。

㊝「庭に遊びに行くなら、上着を着てからにしなさい！」
Ⓒ「やだ！　寒くない！　このまま行きたい！」

上着を着るか着ないかについて話していると思うかもしれません。しかし実際には、**親子はどちらも、自分を見てほしいと思っている**のです。これが、親子の権力争いです。親は、子どもの健康を心配する気持ちを認めてもらいたいと思っています。子どものほうは、自分の体のことは自分で決められる、自立した存在として見てほしいと思っています。

わたしたちは、自分が認められていないと感じているとき、問題を解決することはできません。ですから、この場面においてまず目指すべきは、「それぞれの真実」の精神を取り戻すことです。なぜなら、自分の欲望に目を留めてもらえていると心から感じることができれば、わたしたちはすぐに心のガードを下ろすことができるからです。そうすることで、自分VS相手という意識を、自分&相手で一緒に問題に取り組むという意識に切り替えることができます。これは最高にすばらしいことです。親子は同じチームとなって、問題に目を向け、一緒に何ができるかを考えます。先ほどの例に当てはめてみましょう。

親「外に行くなら、上着を着てからにしなさい！　すごく寒いよ！」
子「風邪をひいたりなんてしないよ！　大丈夫だから、行かせて！」
親「わかった、ちょっと待って。わたしは、あなたが寒いんじゃないかって心配してる。外は風が強いから。でもあなたは、風邪なんてひかないし、大丈夫だって言ってる。合ってる？」
子「うん」
親「うーん……どうしたらいいかな？　二人とも納得できるアイデアが、絶対にあると思うんだけど……」
子「上着を持っていって、寒くなったら着るんでもいい？」

㊔「もちろん。最高の解決策だね」

ここでは、子どもの主張を一度受けとめてから、一緒に問題に取り組もうとしています。子どもが、自分が認められていると感じ、親は敵ではなくチームメイトだと理解し、そして問題解決に協力を求められると……よいことが起きます。では、親が絶対に子どもに上着を着せたい場合について考えてみましょう。外の気温は2度で、冷たい風が吹きつけています。これは風邪の心配の問題ではなく、実際に安全にかかわることです。

㊔「うーん……どうしたらいいかな？　親として、わたしにはあなたの身の安全を守る責任がある。いま安全っていうのは、上着を着ることなの。でも、あなたは自分で自分のことを決めたくて、命令されるのはいやなんだよね」
㋙「上着なんて着ない！」
㊔「聞こえているよ。あなたに伝えたいことが二つある。外に出るなら、あなたは上着を着なくちゃいけない。でも、そのことについて、ママ／パパに怒るのはかまわない。喜んで着なくてもいいんだよ」

たとえ、親の決定が一方的であっても、親は子どもの経験を認めています。外はとても寒いから上着を着ることだけが「正解」だという一つの真実で、子どもを説得しようとしているわけではありません。親は、外で上着を着ることは重要だと自分に言い聞かせ、外では上着を着なければならないという境界線を引き、そして子どもの感情を言葉にして、そう感じてもいいという許可を与えています。親は決断を下し、子どもは自分の感情を持つ。どちらかが正しいというわけではありません。それぞれの真実があるのです。

実践③　大きらい！と叫んでいるとき

もう一つ、読者やクライアントからよく相談を受ける場面について見てみましょう。親は子どもに、決めた時間以上はスマホやテレビなどを見てはいけないと言います。子どもは叫びます。「ママ／パパ大きらい！」。

さあ、深呼吸しましょう。まずは何が起きているのを理解します。思い出してください、あなたの子どもは、内側ではよい子です。悪い行動をとるのは、対処しきれない、調整できない感情のためです。さきほどの場面を、もう一度やり直してみましょう。

㋙「ママ／パパ大きらい！」

㊓「その言い方はよく思わないな……すごく怒っているんだね。こんな口のきかたをするなんて、ほかにもいやなことがあるのかな。ママ／パパは、すこし時間を置いて体を落ち着かせるね……あなたもそうしたほうがいいかも……それから、話そうね」

ここで、親は具体的に、どんな行動をよく思っていないかを説明しています。ですが、その行動が真実だとは言っていません。調整されていない形で外に出てきてしまったとしても、その裏側にある感情をきちんと認めています。

実践④　子育てに失敗しているのではないかと不安になるとき

おそらく、「それぞれの真実」の考え方がもっとも役に立つのは、わたしたちが「ダメな親」の思考スパイラルにはまってしまうときでしょう。罪悪感、自分を責める気持ち、子育てに失敗しているのではないかという不安にさいなまれるときです。

そんなとき「一つの真実」のモードに陥ってしまうのはとても簡単です。「わたしはダメな親で、何もかも失敗していて、わたしは最低」。このマインドセットでは、変化を起こすことはできません。

では、どうすればいいのでしょう？　ここでも、行動（わたしは何をするか）とアイデンティティ（わたしは何者か）を分けて考えるべきです。このことは、問題から逃げるとか、言い訳をするのとはちがいます。**自分がよい人間であり、同時に、さらによくなるための難しい努力ができることを認める**ということです。ですから、この原則を心に留めて、自分に言い聞かせてください。何度も何度も何度も。

「二つの真実は成り立つ。わたしは困難にぶつかっている。そして、わたしはよい親だ。わたしはよい親で、困難にぶつかっているだけなんだ」

1* フェイ・ドール『パートナー間の傾聴スタイルと関係性の満足度：理解するための傾聴と応答するための傾聴の比較』（未邦訳・卒業論文、トロント大学、2003年）

2* ダニエル・シーゲル、ティナ・ペイン・ブライソン『しあわせ育児の脳科学』（ニューヨーク、ランダムハウス、2012年）（邦訳・早川書房）

3* J・H・ゼンガー、J・フォークマン『非凡な指導者：優秀な管理者を偉大な指導者にするために』（未邦訳・ニューヨーク、マグロウヒル、2002年）

4* P・M・ブロンバーグ『影と実態：臨床プロセスにおける関係性の視点』（未邦訳・「精神分析心理学」1993年、10：147〜68）

3章 親の仕事・子どもの仕事

どんなシステムでも、仕事（役割と責任）を明確に定義することは、円滑に物事を進めるために欠かせません。逆もまた成り立ちます。メンバーが自分の仕事についてよくわかっていなかったり、ほかの人の仕事に踏みこんだりしてしまうと、システムはうまく動かなくなってしまいます。家庭というシステム（そう、家庭だって一つのシステムなのです）も同じで、家族の一人ひとりには与えられた仕事があります。**親の仕事は、境界線や、承認、共感によって安全を確保することです。子どもの仕事は、自分の感情や願望を経験し表現することで、世界を探求し、学習すること**です。

家族システムにおいて、いくつかの仕事はほかの仕事より優先されます。何より優先される仕事は、親が子どもの安全を、物理的かつ精神的に守ることです。この仕事に親が失敗していることを感じとった子どもは、とても大きな恐怖を覚えます。親が子どものかんしゃくを恐れて、親としてやるべきことをできていないとき、その恐怖はさらに大きくなります。このとき子どもが意識下で受けとるメッセージは、自分が制御を失ったとき、安全を守ってくれる人はいないということです。**もちろん、あなたの子どもは、親が介入して安全を守ったからといってありがたがらないでしょう。でも、信じてください。それこそ、子どもが求めていることなのです。**親の介入によって、感情調整スキルを身につけることができるからです。

安全が第一の目的地であるとすれば、境界線はそこにたどりつくための道筋です。目的意識を持って引かれた境界線は、保護や封じこめに役立ちます。わたしたちが境界線を引くのは、子どもが自分で適切な決定を下せないときに子どもを守りたいからであり、愛情があるからなのです。2歳児と歩道を歩くときは、親から離れて勝手にふらふら歩かせたりしません。なぜなら、車道に向かってダッシュしたいという衝動を抑えられないことを知っているからです。幼稚園児には、ホラー映画を見せたりしません。なぜなら、まだ子どもには扱いきれない恐怖が芽生えてしまうかもしれないと知っているからです。

子どもは感情調整が不得意

なぜ子どもは自分で自分を守れないのでしょう？　手短に説明するなら、**子どもは感情を調整するよりも、強い感情を体験するほうが得意で、強い感情の体験とその調整とのあいだにあるギャップが、調整されていない行動（たたく、蹴る、叫ぶなど）として表れる**からです。神経精神医学博士のダニエル・シーゲルとサイコセラピストのティナ・ペイン・ブライソンは、共著『しあわせ育児の脳科学』（邦訳・早川書房）の中で、子どもがしょっちゅう調整を失う理由を、2階建ての家のたとえを使って説明しています。1階の脳は、呼吸などのもっとも基本的な機能と、衝動や感情をつかさどっています。2階の脳は、それよりも複雑な処理、たとえば計画、意思決定、自己認識、共感などを担当しています。ここに、思わぬ落とし穴があります。幼い子どもの場合、強い感情や衝動が現れる1階の脳はすっかり完成していて、きちんと使えます。ところが、2階の脳はまだ建設中で、20代半ばまで完成しないのです。けっこうな時間差ですよね。子どもにとって、将来の計画や、内省、共感が難しいのもうなずけます。それらはどれも、2階の脳の機能なのです。大切なのは、次のことを覚えておくことです。子どもが大きすぎる感情を持てあまして調整不能になり、よい意思決定ができなくても、それは発達上ふつうのことです。親にとっては、疲れるし、まったく困った話ですが、正常なことなのです。

この2階建ての家のたとえの中で、親は、言うなれば階段です。主な仕事は、子どもの1階の脳（大きすぎる感情）と2階の脳（自己認識、調整、計画、意思決定）とをつなぎはじめることです。この目標を達成するにあたり、なすべき仕事を知ることはとても重要です。子どもが幅広い感情を抱き、さまざまな新しい経験ができるように導くためには、この世界でぶつかることに対処する方法を教える必要があります。目標は、子どもに感情を停止させることでもなければ、感じとったことから目を背けさせることでもなく、さまざまな感情、物の見方、思考や衝動への対処の仕方を教えることです。誰よりもそれができるのは親であり、お説教や論理ではなく、**子どもが親とともにする経験を通して、教えていく**ことになります。

感情の調整を教えることは、子どもの安全を守る上で重要です。感情の調整を、子どもの内側で燃えさかっている感情の炎を封じこめることとして想像してみてください。家が燃えていたら、最初にやるべきことは、封じこめです。たしかに、家の防火対策も必要かもしれませんが、いま燃えている炎をなんとかして、安全だと感じられるようにするまで

は、着手できません。親が、境界線を引いたり、自分自身の強い感情を調整したりすることができずに困っている状態は、火事の最中にすべてのドアを開けはなち、燃料をさらに注ぎ、家中に炎を広げているのと同じことです。まずは、封じこめ。まずは、境界線です。

親子のあいだに境界線を引く

親は、境界線を引くのに言葉と体で表現します。

「体」というのは、物理的な力で言うことを聞かせたり、萎縮させたりすることではありません。子どもを傷つけることや怖がらせることは、いかなる場合でもあっても許されません。絶対に、絶対に、だめです。ですが、ときには、子どもの安全を守るために体を使うことも必要です。たとえば、わたしが娘に弟をたたいてはだめと言うとき、同時に手首をつかんで、それ以上たたけないようにする必要があるかもしれません。わたしが息子にカウンターから下りなさいと言ってもその通りにしないとき、わたしは息子を抱き上げて（そう、たとえ泣き叫んでいても）安全なところに下ろしてやらなければならないでしょう。娘がチャイルドシートに座ろうとせず、「やだやだ！」と叫んでいるとき、境界線を引くことには、わたしがベルトを締めて、それによって娘の体を拘束することも含まれるでしょう。

こうやって物理的に境界線を引くことを、わたしが望んでやっていると思いますか？いいえ、ちがいます。子どもが初めからもっと協力的になってくれたら、そのほうがどんなにいいかしれません。でも、子どもの安全がかかわってくるとき、わたしたちは自分の仕事をして、子どもの安全を守らなければいけないのです。

仕事が何かをわかっているからといって、いつも簡単にその仕事ができるわけではありません。先日、あるお母さんが相談にやってきて、こんな話をしてくれました。

「子ども部屋でリーナとカイが仲よくおもちゃで遊んでいたんです。トラックやブロック、小さな人形を並べてごっこ遊びをしていました。でもそれは一瞬だけのことで、二人はどこに何を置くかでけんかを始めました。リーナは、人形を一つ手に取ると、カイに投げつけました。また別の人形も。わたしは、『リーナ！　いますぐ投げるのをやめなさい！』と叫んだのですが、リーナは言うことを聞きません。繰り返し、人形を投げつけるんです。もう、大変でした！」

このお母さんに、何も悪いところはありません。リーナにも（カイにも）悪いところはありません。ただし、境界線が引かれていなかったのです。

境界線とは、子どもがしてはいけないことを教えることではなく、親がこれからすることを子どもに教えることなのです。境界線は、あなたの親としての権限を示すものであり、あなたの子どもに何かを指図するものではありません。リーナとカイの場合では、有意義な介入としては、たとえば、母親が二人のあいだに入り、リーナの手の届く範囲から人形をどけて、「おもちゃは投げさせないよ」と言うことになるでしょう。または、せっかくきれいに並べたおもちゃを動かしたくない場合は、リーナを抱き上げて、別の部屋に行って一緒に座ることもできます。これが境界線です。「いますぐ投げるのをやめなさい！」と言うことは、多くの親にとっては自然な反応ですが、境界線ではありません。

ほかにも例を挙げてみます。

◯「弟をたたかせないよ」と言って姉弟のあいだに割って入り、姉が弟をこれ以上たたけないように体でブロックする。

◯「ハサミを持って走らせないよ」と言って子どもの腰をおさえ、動けないようにする。

◯「テレビの時間はもう終わりだから、消すね」と言ってテレビを消し、リモコンを子どもの手の届かないところに置く。

次に、境界線を引くのではなく、子どもに親の仕事を押しつけてしまっている例を見てみましょう。これらの場面では、親は行動をやめさせようとしているにもかかわらず、かえって行動はエスカレートします。子どもが「言うことを聞かない」のではなく、境界線において封じこめるべき衝動を親が封じこめられていないからです。

・「弟をたたくのはやめて！」

・「走っちゃだめ！　やめてって言ったでしょ！　ハサミを持ったまま走るのをやめないと、デザートをあげないよ！」

・「この番組で最後にするって言ったよね？　どうして終わりにできないの？　どうしてママを困らせるの？」

どの例でも、親は衝動や欲望を止めるようにと子どもにお願いしています。ですが、発達の関係上、子どもは自分では止めたくても止められないので、これはまったく無理な注文なのです。

親が子どもに、親の仕事を代わりにしてほしいと頼むとき、子どもはさらに調整ができなくなります。なぜなら、こう言っているのと同じことだからです。「あなたは制御不能になっているね。ママにはどうしたらいいかわからないから、あなたにおまかせして、自分で制御を取り戻すようにお願いするね」。これは子どもにとっては怖いことです。**制御不能になっているとき、子どもには、安全で確かでしっかりとした境界線を引いてくれる大人が必要なのです。**境界線とは、愛情表現の一種であり、こう言うのと同じことです。「あなたは、内側ではよい子で、ただ、いまはつらい思いをしていて、自分を制御できないだけなんだよね。わたしが必要な封じこめをして、これ以上この行動をするのを止めて、調整不能に負けないようにあなたを守ります」。

子どもの感情を承認して共感する

もちろん、親の仕事は、子どもの安全を物理的に守って終わりではなく、気持ちのほうもケアしなければなりません。ここで、残りの二つの重要な仕事、承認と共感が出てきます。

承認は、誰かの感情体験を肯定し、受けとめることです。その逆である否認は、誰かの感情体験を、説得してそうでないと思わせたり、論理で打ち消したりするべきものとみなすことです。たとえば、怒りをぶつけてきた相手に対して、「あなたは怒っているね。それは本当のことで、わたしには理解できるよ」と言うのが承認。「怒るようなことじゃないじゃない。繊細すぎるよ。気にしないで！」と言うのが否認です。

人間はみんな、子どもも大人も、ありのままの自分を見てもらっていると感じることを切実に必要としています。そして、どんなときでも、ありのままの自分とは、自分が内側で感じていることと関係しているのです。誰かに承認してもらうとき、わたしたちは自分の感じ方を認める力をその人から分けてもらうことができます。そして、経験したことを自分でも受けいれられるようになるのです。誰かに否認されるとき、わたしたちはほぼ必ず、さらに調整不能になり、エスカレートします。自分の感じ方はまちがっていると言われたのと同じだからです。これほどつらいことはありません。

共感は、好奇心を持つ力から生まれます。好奇心を持つことで、わたしたちは子どもの感情体験を決めつけるのではなく、深く知ろうとすることができます。子どもが共感を持って誰かに接してもらうとき、その誰かは同じチームの一員で、感情の重荷を一部肩がわりしてくれているような気持ちになります。好奇心を発揮しようと思えるのは、その感情を承認しているという前提があってこそです。だから、承認が先に来るのです。

結局のところ、感情が行動として表に出てくるのは、内側で感情を持て余しているとき、感情が大きすぎて調整したり封じこめたりできないときだけです。誰かが共感を持って声をかけてくれたら(「うわあ、それはつらいね!」)わたしたちは、ダニエル・シーゲルの言う、感じられていると感じる経験をします。誰かが自分の感情経験を共有していると感じられると、その感情に対処しやすくなります。そうして、感情を調整する力を育んでゆくのです。

子どもがこの力を強化すると、感情が行動として表れることは少なくなります。こうして、ちがいが生まれます。妹をたたく代わりに(調整不能)、「妹がむかつくんだ!」と言うようになります(怒りの調整)。ハサミを持って廊下を走る代わりに(調整不能)、「走りたい!」と言うようになります(衝動の調整)。もっとテレビが見たいと感情を爆発させる代わりに（調整不能）、「いま見られたらいいのになあ」（落胆の調整）と言うようになります。

子ども時代の大きな目標の一つは、健全な感情調整スキルを身につけること、つまり、さまざまな感情を抱き、それらに対処する方法を身につけること、感情や思考や衝動に支配されるのではなく、感情や思考や衝動の中にいる自分を見つける方法を学ぶことです。

親からの共感と承認は、子どもに調整スキルを身につけさせるために欠かせない要素であり、「大目に見る」とか「言いなりになる」とか「甘やかす」ことではありません。

境界線・承認・共感の実践

全体像が見えてきたところで、先ほどの三つの境界線の例に、承認と共感を加えてみましょう。

「弟をたたかせないよ」と言って姉弟のあいだに割って入り、姉が弟をこれ以上たたけないように体でブロックする。↓ 境界線

「いらいらするよね！　弟がどこにでもハイハイしていって、おもちゃをめちゃくちゃにするなんてつらいよね。一緒に、どうやったらブロックが壊されないか考えよう」

↓ **承認・共感**

「ハサミを持ったまま走らせないよ」と言って子どもの腰をやさしく、同時にしっかりとおさえ、動けないようにする。↓ **境界線**

「わかるよ、たくさん走りたいんだね！　そのハサミを置いてから走ってもいいし、工作が終わってから走ってもいいよ。どっちがいい？」「ああ……両方一度にしたいの？　そうだよね。でもね、あなたに危険なことはさせられないの。それであなたがかんかんに怒るとしても。怒ってもいいんだよ。気持ちはわかっているよ」↓ **承認・共感**

「テレビの時間はもう終わりだから、消すね」と言ってテレビを消し、リモコンを子どもの手の届かないところに置く。↓ **境界線**

「もっと見たかったんだよね。わかるよ！　ママ／パパも、なかなかテレビを見るのをやめられないんだ。明日、どの番組が見たいか教えてくれる？　忘れないようにメモしておく

から、明日一緒に見ようね」→承認・共感

なぜ、境界線、承認、共感によって、子どもは調整スキルを身につけることができるのでしょうか。

境界線は子どもに、とても大きな感情も、永久に制御できないままにはならないということを教えてくれます。子どもは、親の境界線（「～させないよ」という言葉や、危険な行動を止めること）を察知することで、体の奥深くで、次のようなメッセージを感じる必要があります。「この感情は、すべてを飲みこんで世界を破壊してしまうくらい大きいものに思えるけれど、大きすぎるように思えるけれど、親の境界線の内側にいれば、感情を抑えられる気がする。この感情は自分にとっては怖くて手に余るけれど、親にとってはそうではないんだ」。やがて、子どもはこの封じこめを吸収し、自分で使えるようになります。

一方、承認と共感は、子どもに、問題行動の陰に隠れてしまっている本来の自分を信じる力を授ける方法です。すでにお伝えしたように、変化を起こすためには、自分は内側ではよい人間だと感じていなければなりません。多くの人が、「わたしは変わる必要がある、変わったら、自分は愛されるべき価値のある人間だと思えるだろう」と考えます。でも、正確には、順序は逆なのです。わたしたちのよい部分が、わたしたちをつなぎとめ、難しい感情を経験しても、その感情に支配されることを防いでくれます。

お互いに自分の仕事をしたからよしとする

家族システムと仕事の仕組みを理解してしまえば、子どもの難しい瞬間についての考え方を新しくすることができます。子どもの問題を、仕事の遂行と受けとめることで、子どもは親を困らせているのではなく、自分の仕事を果たしているだけだということを思い出せるでしょう。わたし自身、この考え方を取り入れて以来、自分の家庭で起きた問題を評価しやすくなったと感じています。出勤するねと言ったあとで、息子がわたしを求めて泣き叫ぶのが聞こえてくると、こう考えます。「表面的に見れば、ひどい状況だけど……わたしたちはちゃんとお互いの仕事をしているだろうか」。

振り返ってみます。わたしは息子から離れる前にこう言いました。

「ママがお仕事に行っちゃうのは、すごくいやだよね。わかるよ。ママと一緒にいるのが好きなんだもんね！　パパがあなたと一緒にいてくれるし、ママもお昼には会いに来るからね。ママは必ず戻ってくるよ」

わたしは、自分にとって正しいと感じられる境界線を設定し、言葉で承認を、声の調子で共感を表現しました。息子は抗議しました。叫んで、泣きました。感情を経験して表現するという、自分の仕事をしたのです。それに対して、わたしはこう言いました。

「いやだね、つらいね。怒ってもいいんだよ。ママはあなたが大好きだよ」

そして仕事に行きました。承認、共感、境界線。息子は泣きました。また、感情を経験して表現したのです。

だから……**お互いに、ちゃんと仕事をしたと言っていいのではないでしょうか。**これだけは、はっきり言っておきます。このときのわたしは、清々しい気分で仕事に向かったわけではありません。ですが、お互いの仕事を見直すことは、わたしを落ち着かせ、自分を責めたり（「わたしはまちがったことをしてる？」）、子どもを責めたり（「どうしていまだに泣くの？」）する負のスパイラルから救ってくれます。こうした状況を、「わたしはダメな親だ」という循環に陥ることなく切り抜けられれば、それは大きな成功と言えます。わたしにとっては、まちがいなくそうです。

4章 どんな感情も認める

なぜわたしたちは子育てに力を入れるのでしょう。子育てに関する努力に、本当に意味はあるのでしょうか。とくに幼い子どもは、大きくなっても親のしたことを覚えているものなのでしょうか。

答えはイエスです。そして、子どもは、0歳、1歳、2歳、3歳のときのことを「覚えて」います。もちろん、大人が考えるような記憶ではありません。過去の経験を言葉で言い表して語ることはできません。けれど、具体的に言葉にはできなくても、体で記憶するという、より強力な方法で覚えているのです。

話せるようになる前に、子どもは親との交流を通じて、好ましいもの、恥ずかしいもの、対処できるもの、手に余るものとはどんな感じかを学習します。だからこそ、幼い子どものころの「記憶」は、実際には成長してから覚える記憶よりもはるかに強力なのです。**乳幼児期に、親がどのように子どもと交流したかが、子どもが世界に踏み出す上での地図と**

なります。子どもは親との交流から集めた情報を消化し、それらを元に世界を一般化します。子どもが乳幼児期に親と経験することは、子どもの自分についての考え方、他者に何を期待するようになるか、何を安全でよいと感じるか、何を危険で悪いと感じるかを形作ります。

たとえば、幼い女の子がいつも「気にしすぎだよ」と言われて育ったら、自分の感情は「まちがって」いて、人々を遠ざけてしまうと早くから学ぶことになるでしょう。父親がいつも息子に、泣くなと言っていたら、子どもは大きくなったとき、そのことをはっきり覚えていなくても、弱さを拒絶されることと結びつけるようになるでしょう。

また、すでに説明した通り、幼少期は、感情や衝動が生じたときに対処し反応する能力である感情調整の基礎ができる時期です。幼い頃の経験は、どの感情が対処可能で許されるか、逆にどの感情が「大きすぎる」あるいは「まちがっている」かを決めます。自分に満足し、失敗を許容し、しっかりとした境界線を感じ、自分を主張することができ、他者とつながっていること……大人として重要なダイナミクスのすべては、幼い頃にもう設定が始まっています。

先に進む前に、大切なことを伝えておきましょう。人間の脳はとても柔軟で、再設定したり、学習したことを忘れたり、学び直したり、変化したりできるということです。ここまで読んできて、もし、子どもにとって大切な時期がもう過ぎてしまったのではないかと心配しているなら……深呼吸しましょう。

この章では、なぜ幼少期が重要なのかを説明し、育児という大変な仕事に対するモチベーションを上げられるようにしますが、心配が頭をもたげることがあったら、次の章で案内する「やり直すこと」や、10章の「セルフケア」を読んでから、この章に戻ってくることもできます。わたしたちはみんなベストを尽くしているのだということを心に留めて、読み進めてください。

親のかかわり方が、人間関係の築き方のベースになる

幼少期の重要性を理解するには、親子関係を扱う二つの心理学モデルの基本を知ることが役立ちます。アタッチメント（愛着）理論と、内的家族システム（Internal Family Systems／ＩＦＳ）です。これらを組み合わせた枠組みを使うことで、なぜ幼少期は重要なのか、なぜ子どもがはっきり覚えていなくても決定的な影響を及ぼすのかを理解するこ

とができます。

アタッチメント（愛着）理論

赤ちゃんは、生まれたときから、養育者に「アタッチ（くっつくこと）」したいという先天的な衝動を持っています。１９７０年代にアタッチメント理論を提唱した精神科医ジョン・ボウルビイは、近さのシステムとしてアタッチメントを説明しています。

ボウルビイによれば、アタッチメントは、「あったらいいな」というものではなく、主要な進化のメカニズムです。何といっても、食事、水、安心感などの子どもの基本的な欲求は、アタッチメントを通して満たされるのです。アタッチメント理論によれば、子どもは生存に必要な心地よさと安全を与えてくれる人を求め、近くにいようとするように設定されています。

子どもは、幼少期の養育者との経験にもとづいて、さまざまな種類のアタッチメントを形成します。どんな種類のアタッチメントが形成されるかは、子どもの内的ワーキングモデル、つまり、思考、記憶、信念、期待、感情、行動などに影響を与えます。この内的ワーキングモデルは、自分と他者との交流の在り方や、大人になってからどんな人間関係を求めるかを左右します。子どもは、いくつかの問いによって、親との交流にフィルターをかけ、アタッチメントを形成していきます。

○わたしは愛される子で、よい子で、一緒にいたいと思える子だろうか。

○わたしは見てもらって、聞いてもらっているだろうか。

○わたしが怒ったり、落ちこんだりしたとき、周りの人はどうするだろうか。

○わたしが感情を持て余しているとき、周りの人はどうするだろうか。

○意見が対立したとき、周りの人はどうするだろうか。

これらの問いに答えることで、子どもたちは、自分はどんな存在でいることを許されているか、世界はどのような仕組みになっているかを一般化します。つまり、わたしたちが子どもの欲求にどのように応答するか、わたしたちが子どものものとして認める感情の範囲、わたしたちがどれだけ一貫して子どものために「姿を見せる」か、けんかなどのあとで仲直りするかどうか、落ち着いているか感情的に反応するか……こういった行動はすべて、家族という単位を超えて波及効果を及ぼします。

この初期の設定は、大きくなって子どもではなくなっても、自分に対する考え方を左右します。ここで、幼少期の交流が「アタッチメントの教訓」となる例をいくつか見てみましょう。もちろん、こうした応答が一度だけ起こったのではなく、親子の日常的な交流に共通するパターンとして繰り返されたという想定にもとづいていています。

行動　保育園のお見送りで泣いている。

親の応答1

「泣かないの！　もう赤ちゃんじゃないんだから！」

アタッチメントの教訓1

自分が弱いと感じているとき、わたしはばかにされ、ちゃんと見てもらえない。親しい人には、弱さを見せないようにしよう。安全ではないから。

親の応答2

「今日は、バイバイを言うのがつらいんだよね。わかるよ。そういう日もある。ママ／パパは園が安全だって知っているし、ママ／パパは必ず戻ってくるって、あなたもわかっているよね」

アタッチメントの教訓2

周りの人は、わたしの感情を真剣に受けとめてくれる。自分が弱くて動揺しているとき、寄り添ってくれる。親しい人に弱さを見せるのは安全なことだ。

行動　朝ごはんにアイスクリームを食べたいとかんしゃくを起こしている。

親の応答1

「騒いでいるあいだは話をしないよ。自分の部屋に行って、落ち着くまでそこにいなさい！」

アタッチメントの教訓1

何かを欲しいと思うとき、わたしは人を遠ざける。わたしはダメな子になって、見捨てられて、ひとりぼっちになる。わたしが扱いやすくて従順でいれば、ほかの人はそばにいたいと思ってくれる。

親の応答2

「わかるよ。朝ごはんにアイスを食べたいんだよね。でも、いまはだめなの。怒ってもいいよ」

アタッチメントの教訓2

わたしは、自分のために何かが欲しいと思ってもいい。自分のために何かを欲しがることは、親しい人のあいだで許されていることだ。

行動　友達の誕生日パーティーに参加しようとせず、母親にしがみついている。

親の応答1

「みんな、知っているお友達でしょう。何やってるの！　どうしたの？　心配することなんて何もないじゃない」

アタッチメントの教訓1

自分の感情は信じられない。おかしくて、大げさだから。周りの人のほうが、わたしがどう感じるべきか、よく知っている。

親の応答2

「何かが、いやな感じがするんだね。信じるよ。急がなくても大丈夫。心の準備ができたら、自分でわかるからね」

アタッチメントの教訓2

自分の感情は信じられる。慎重になるのは悪いことじゃない。わたしは自分がいまどう感じているかわかっているし、周りの人もその感情を尊重して寄り添ってくれる。

どのケースでも、親の応答が1であるとき、子どもはその一つ一つから、(それらを一般的な交流のパターンとみなし) 感情の中にはアタッチメントを脅かすものがあることを学習します。アタッチメントは生存に不可欠であるため、子どもは恥じる気持ちや自己嫌悪によって、自分が抱いていた感情を停止させようとします。一方、親の応答が2であるとき、子どもはその一つ一つから、(同様にこれらを一般的な交流のパターンとみなし)、自分の感情はまちがっておらず、親しい関係性においてその感情を持っていてよいのだと学びます。

ここで、はっきりさせておきたいのは、親の応答2が、ただちに問題を解決するわけではないということです。泣き叫んでいる子どもが、すぐに静かになるわけではありません。しかしながら、確実に、二つのことが起きます。一つには、子どもは感情調整スキルを身につけ、やがては落胆に対処できるようになるでしょう。もう一つには、まちがいなく、子どもは自分への信頼や許容を育み、他者に対しては心を開くようになります。

早送りして未来を見てみましょう。子どもは親との交流を通して学習した内的ワーキングモデルとアタッチメントのシステムを親以外の親しい関係性にも当てはめています。先ほどの1のような応答を受けつづけていた場合、「親密な関係であっても、相手を頼ってはいけない」とか、「安全で良好な人間関係を維持するには、相手がくれると確実にわかっているものしか、求めてはいけない」などと考えて行動するでしょう。

では、いま、親子はどのように確かなアタッチメントを築けばよいのでしょうか。一般的には、親からの応答のすばやさ、あたたかさ、予測可能性、そして気まずくなったときに仲直りすることで、子どもは安全基地を持てるとされています。**親を自分の安全基地だと感じている子どもは、安心感を持って世界と向き合うことができます。**「何かよくないことが起きても誰かが助けてくれるし安心させてくれる」という感覚です。そうすれば、新しい物事を試し、失敗にも耐え、弱さを受けいれることができます。

ここには、深くて重要な矛盾があります。子どもが親に頼ることができる度合が大きいほど、より強い好奇心を持ち、より大胆に冒険できるということです。失敗しても、親は自分を理解し、批判することなく、支え、安心させてくれるという信頼があるからこそ、子どもは自己主張ができ、自信と勇気がある大人に成長することができるのです。

内的家族システム

内的家族システム（ＩＦＳ）とは、人間を一元的に考えるのではなく、一人の人間の中にはさまざまな部分があると考える、心理療法モデルです。ＩＦＳでは、基本的に、人の精神は複数のサブ人格に分かれていると考えます。

自分自身について考えてみてください。もしかしたら、あなたは親しい人といるときは社交的だけれど、新しい環境では引っこみ思案かもしれません。仕事のときは自信満々だけれど、プライベートではおとなしいかもしれません。あなたは多面的で、どれか一つではありません。そして、そのどの部分も、悪い部分ではないし、ほかの部分と比べて劣っていたり優れていたりするわけでもありません。あなたはそれらすべてを足し合わせたものであり、どの部分が「表に立って」もかまわないと思っていればいるほど、さまざまな場面でくつろいでいられます。

このことを理解できるかどうかに、わたしたちの自信、安定、そして自己意識は左右されます。わたしたちが何かに圧倒されたり、感情的に反応しやすくなったりしてしまうのは、たいてい、一つの部分だけが勝ってしまっているときです。自分のアイデンティティを失い、その感情に「なり変わって」しまうのです。

「部分」という表現を使うことで、わたしたちは内側と外側に向けて、自分の相反する（または少なくとも共存する）感情を説明できるようになります。悲しみや苦しみなどの不快感を経験しながらも落ち着いていられるし、矛盾していても芯を持っていられるし、怒っていても自分がよい人間だと思ったままでいられます。わたしはこれまで、この「部分」という表現のおかげで、クライアントがつらい経験を調整する能力を手に入れるところを繰り返し見てきました。その大きな効果を知っているからこそ、わたしは幼い子どもの場合にも積極的にこの表現を使い、幼少期のうちに、衝動や感情や思考は自分を支配して飲みこんでしまうものではなく、うまく付き合っていける部分なのだという考え方をぜひ身につけてもらおうとしているのです。

自分の感情を否定することを学習させない

ＩＦＳとアタッチメント理論とを併せて見てみると、子どもの幼少期の発達について、より細やかな理解ができるようになります。アタッチメント理論によれば、子どもは生き延びて欲求を満たすためには、親を近くにいさせることを学習する必要があります。その結果、子どもは、「どうすれば生存の可能性を最大化できるか」というレンズを通して周囲の環境を受けとめます。この理解をＩＦＳの教えと組み合わせると、このレンズはもうすこし複雑で繊細なものになります。「人に理解され、受けいれてもらえるのは、自分のどの部分だろう。アタッチメントと生存の可能性が最大化されるように、もっとその部分を増やそう！　逆に、人を遠ざけ、距離を作るのは自分のどの部分だろう。アタッチメントと生存を脅かすものだから、その部分はなくそう」。

子どもは、親との交流を通してこうした「教訓」を学びます。もちろん、言葉で教えられるわけではなく、経験を通じて学ぶのです。どうしたら、親がほほえんだり、質問したり、ハグをしたり、そばにいてくれるか、どうしたら、親から罰を受け、拒絶され、批判され、距離を置かれるか。ＩＦＳを考案した心理学者のリチャード・シュワルツ氏はこう書いています。「子どもには、経験をアイデンティティに置き換える発達的傾向があります。〝自分は愛されていない〟が、〝自分は愛されない〟へ、〝自分に悪いことが起きた〟が、〝自分は悪い子どもだ〟となるのです」。

子どもが「弟なんか大きらいだ！　病院に返してきて！」と言い、親が「そんなこと言っちゃだめ、弟のこと好きでしょう！」と怒鳴るとき、子どもが学習する教訓は、発言が不適切だったということではありません。子どもが学習するのは、嫉妬や怒りは親を遠ざける危険な感情で、いっさい感じてはいけないということです。だから、**子どもがするこ**

と（「悪い」ときもある）と、子どもがどんな子どもか（内側ではよい子）とを区別することが、とても重要なのです。

子どもが誰かをたたくのはだめですが（行動）、怒りを感じる権利は持たせなくてはいけません（感情）。買い物中に店でかんしゃくを起こすのは困りますが（行動）、何かを欲しいと思い自己主張できることは大切です（感情）。夕食にシリアルだけ食べるのは望ましくないですが（行動）、体の自己決定権は自分にあると考え、自分が心地よいと思うことを感じとれるようになってほしいです（感情）。もし、親が子どもの行動の裏にある感情をきちんと認識せず、問題行動を起こしているときでも子どもを愛しているとはっきり伝えなかったら、子どもは行動と感情を一緒くたにしてしまいます。子どもは、アタッチメントという安心を手に入れるには、行動の裏にある感情を否定しなければならないと考えるようになり、親子関係のパターンに長期的な問題が生じます。

もちろん、人生のどの段階においても、これらの資質を育むことはできますが、幼少期からの親の応答が大切だということもわかっていただけたと思います。幼い子どもの子育てに苦労しているとき、この努力に意味があるのだろうかと考えることがあるかもしれません。あなたの努力には、いつも、必ず、それだけの価値があるのです。

5章 遅すぎることはない

わたしが相談者から受ける質問のうち、いちばん多いのは、「もう手遅れですか？」です。わたしの答えは、いつもノーです。

相談者はなかなか納得しません。「でも、うちの子はもう3歳です。最初の3年がいちばん大切って言うじゃないですか」とか、「娘は16歳です。機会を逃してしまった気がします」などなど。ときには、「わたしにはもう孫がいるのですが、自分の子どもをもっとちがうやり方で育てたらよかったと思っています……もう手遅れですよね？」と言われることもあります。

もう一度言わせてください。答えは、ノーです。子どもとの関係を修復してふたたびつながり、子どもの発達の軌跡を変えるのに、遅すぎるということはありません。そして、あなたも、手遅れではありません。あなたのどの部分に、修復とつなぎ直しが必要か、いまから考えることだってできます。大人になっていても、わたしたちは自分を再設定して、わたしたち自身の発達の軌跡を変えることができるのです。**遅すぎることはありません。いつになっても、絶対に、間に合うのです。**

育児は、弱気ではとても務まりません。要求が厳しいだけでなく、非常に多くの内省、学び、そして変化を必要とします。わたしはよく、育児をすることで、実際にはわたしたち自身も発達し、成長しているのではないかと考えます。子育てをしていると、自分や自分の子ども時代、実家の家族との関係について、否が応でも向き合わされます。それと同時に、子どもの世話をし、かんしゃくに対応し、睡眠不足に耐えなければならず、疲れ果てて消耗することになります。これはすごく大変なことです。このとても難しい課題に取り組んでいるみなさん、いまここで、自分を労いましょう。

脳は再設定できる

脳についても、それぞれの真実が成り立ちます。脳は幼少期に設定されることと、あとから大幅に再設定することも可能だということです。脳が学び直し、適応の必要性を認識したときに変化する能力を、神経可塑性と呼びます。脳は生涯を通じて発達を続けます。

体は、わたしたちを守ろうとするようにできているので、いまのままでは役に立てないと思ったら、脳は新しいパターン、新しい考え方、新しいやり方を導入して、世界を受けとめ応答するようになります。たしかに、年をとるにつれて再設定は難しくなります。年をとるほど、継続的に強く意識することが必要になりますが、変化はできるのです。

子どもの発達途中の脳は、親子関係という文脈の中で設定されていきます。内側前頭前皮質（脳のうち、感情調整、認知の柔軟性、共感、つながりに関係する部分）の発達は、養育者とのアタッチメントの関係性に影響を受けます。つまり、子どもが生まれてすぐにする経験は、脳の発達に大きく影響するということです。一方で、研究からは、アタッチメントが運命を決めてしまうわけではないこともわかっています。不安定なアタッチメントに合わせて設定されてしまっても、確かなアタッチメントに合わせて再設定することができます。心理学者のルイス・コゾリーノは、神経可塑性のプロセスにおいて心理療法が果たす役割を立証しました。セラピストとのあいだにできた確かなアタッチメントは、脳を再設定するきっかけとなり、感情調整やストレス対処能力が向上することを発見したのです。

わたしたちは、この原則を家族間の関係にも当てはめることができます。親が変化しようとするとき、過剰に自己防衛することなく、自分から進んで、子どもにいやな思いをさせた過去の出来事を一緒に修復し、振り返ろうとするとき……子どもの脳は再設定できるのです。

脳が環境に反応して変化することは、過去数十年分の研究によって裏づけられています。1970年代初めに、神経科学者のマリアン・ダイアモンドが初めて、ネグレクト的環境では脳は委縮し、豊かな環境では脳は成長することを発見しました。環境が変化すると、脳も変化します。ある最近の研究は、育児におけるこの効果を証明しました。2歳から11歳までの子どもを対象とした育児プログラムの影響を調査したところ、その子どもの年齢に応じた介入を行っていれば、育児プログラムには同じだけの効果があることがわかったのです。これはとても希望を持てる結論で、わたしたちが自分の与えた「ダメージ」について心配になってしまうときの、心強いよりどころにもなります。

この研究を行った心理学者は、育児のやり方を変えたり介入したりするタイミングについて、次のように書いています。「重要なのは、わたしたちの発見を、けっして介入を遅らせる言い訳に使ってはならないということだ。介入を遅らせると、子どもも家族も、さらに長いあいだ苦しむことになる。幼少期の問題行動を減らすための一般的な育児介入については、〝早いほどよい〟と考えるのではなく、〝早すぎることは絶対にないし、遅すぎることも絶対にない〟というのが、わたしたちの結論だ」。

わたしがいつも相談者に伝えるのは、子どもが問題を抱えていても、それは親のせいではない、ということです。ですが、家族というシステムの中の大人として、子どもが学習し成長しうまくやっていけるように環境を変えてやるのは、親の責任にほかなりません。わたしたちが内省し、成長し、新しいことを試したなら、自分自身が成長して子どもにアプローチする方法を変えたなら、それは自分のためになると同時に、子どもが新しい回路を作るのを手伝ってやることにもなるのです。

あなたはそのために、いまこの本を読んでいます。あなたは、内省し、成長し、新しいことを試す勇気を持っています。わたしがこの本を書いているのも、同じ理由です。わたしも、まだすべてを解決できたわけではありません。自分自身の不安や、感情的に反応してしまうポイントがたくさんあります。だからわたしは自分も、サイクルを打ち破り日々学びつづけようとする読者のみなさんの仲間だと考えています。

新しい経験が結末を変える

完璧な親というものは存在しません。どんな親も、子どもとの関係で「やってしまった」と思う瞬間があるものです。冷静さを失ったり、あとで撤回したいと思うような言葉を叫んだり、悪気のないわが子に非難がましい鋭い目つきを向けてしまったりするものです。

深呼吸しましょう。

わたしも、あなたのママ友、パパ友も、みんな同じ道を通ってきました……わたしたち、全員がです。そして、それは悪いことでも何でもありません！　大切なのは、次に何が起きるかです。わたしたちの育児は、問題が起きた瞬間だけで決まるわけでありません。問題が起きたあとにわたしたちが子どもとつながるかどうか、子どもがどう感じたかを掘り下げ、関係性の亀裂を修復しようとするかどうかで決まるのです。

親として「もう間に合わないの？」と考えるとき、わたしたちは、子どもとの関係性におけるストーリーの結末がもう決まってしまっているという前提で考えています。そこでは、ある大切な点が見過ごされています。**わたしたちは常に新しい経験を積むことができ、その新しい経験は、ストーリーの結末を変えてくれるということです。**

たとえば、日中いろいろなことがあって疲れきった夕方を想像してください。お菓子を食べたいという子どもに「いまはだめ」と言ったところ、案の定「やだやだ」と始まります。そこで「いつもそうやって面倒を起こすんだから！　わがままばっかり言って、どうしたらいいかわからない！」と怒鳴ってしまったとします。子どもは、「大きらい、大きらい、大きらい！」と叫びながら、自分の部屋に走っていきました。

さて、まず大切なことは——深呼吸することです。あなたは、「身に覚えがある」とか、「それって昨日の夜のわたしのこと？」と思ったかもしれないし、あるいは、「ベッキー先生が思いつく例ってその程度なの？　わたしがかっとなったときはもっとひどいよ」とか、「わたしはもっとちがうキレかたをする」と感じたかもしれません。いずれにしろ、これだけは言わせてください。わたしはそれでも、あなたは内側ではよい親だと考えます。もっとよい親になろうとしていることも知っています。ですから、もうすこし、この大切な話に付き合ってください。

あなたの子どもは、いま部屋に一人でいます。子どもにはいま、何が起きているのでしょう？　基本的には、強い不快感が生じています。調整不能、つまり体の衝動に飲みこまれたように感じていて、生理学的な脅威を覚えています（「この感情は大きすぎる、安心できない」)。体は、ふたたび安心で安全だと感じるための方法を探そうとしています……ですが、いまはひとりぼっちで、信頼できる大人の助けもありません。強い不快感とともにひとりぼっちにされた子どもは、多くの場合、二つの対処メカニズムのうちのいずれかに頼ります。自己不信と、自己嫌悪です。

自己不信では、子どもはいまの環境のままでふたたび安心を感じるための試みとして、自分の経験を否定します。自分にこう言うのです。「ねえ……ママ／パパがあのひどい言葉をぼくに言ったなんて嘘だよね。あんなこと、起きるわけない……そうだよ、ぼくの記憶がまちがってるんだ。ママ／パパはまだぼくにあやまっていないし、あのことについて何も言ってない。あんなことを言ったなら、絶対にあやまってくるはずだ」。

子どもは自己不信を使って、いま起きたことを現実と認めたときに生じる大きすぎる感情から自分を守ろうとします。なぜなら、自分の感情に一人で向き合うのは「手に余る」と思うとき、自己不信は逃げ道になり、自己を保つことができるからです。

ところがこのとき、子どもは自分に次のような考え方も設定しています。「ぼくは物事を正しく認識できない。ぼくは大げさに反応する。ぼくは自分の物の感じ方を信頼できない。周りの人のほうが、ぼくの現実をよくわかっている」。この回路ができてしまうのは、怖いことです。なぜなら、10代や大人になったとき、自分を信じられず、直感に頼ることができなくなるからです。その代わりに、周囲の人にどう扱われているかによって、自分が何者か、どんな価値があるかを定義するようになってしまいます。

自己嫌悪については、精神分析医のロナルド・フェアベーンの、子どもとその発達に関する文章が、うまく表現しています。「悪魔の支配する世界で生きるよりも、神の支配する世界で罪人として生きるほうがましだ」[1*]。つらいことがあったあとで、親がふたたびつながってくれると信じられないとき、きっと、その子にとって世界はとても危険な場所に思えるでしょう。それよりは、悪い自分を内面化したほうが（「ぼくは内側でも悪い子なんだ」）心が慰められます。なぜなら、少なくとも、自分の外の世界は安全でよいものだという考えにすがることができるからです。

ですが……わたしたち親も、こうして手遅れだと考えるに至ったのではないでしょうか。つらい瞬間に自己嫌悪（「わたしはこんなにも悪い親だ」）を重ね、自分はだめだという思いに飲みこまれているから、生産的な変化を起こせないのです。子どもには、もっとちがう設定が必要で、わたしたちも同時に再設定する必要があります。

わたしはよく相談者に、いちばん価値のある目標は、「修復」が得意になることだと話します。それは、親は必ずしもよいと思えないふるまいをこれからもしてしまうし、つらい、失敗と感じる瞬間はこれからも訪れるという現実を認めるということです。だからといって過剰に自己防衛的になることなく、子どもの不快感に寄り添う姿勢を見せられれば、わたしたちは、親としていちばん大切な仕事をしていることになるのです。

子どもと仲直り——決裂から修復する方法

修復には、決まった正しいやり方があるわけではありません。重要なのは、つながりが断たれたあとに、またつながり直すこと、つまり、調整を失い感情的に反応してしまったあとで、落ち着いて、思いやりのある存在感を示すことです。気まずい瞬間に立ち戻って、つながりや精神的な安心感を付け足すとき、わたしたちは実際に、体が覚えている記憶を変化させています。記憶には、それまでのような圧倒的な「わたしはひとりぼっちで、内側でもダメな人間だ」というラベルは貼られていません。批判したあとに寄り添い、怒鳴ったあとにやさしく声をかけ、誤解したあとに理解することで、記憶はより複雑で繊細なものになります。体の記憶を変える能力はとてもすばらしいもので、わたしをいつも自分の子どもと仲直りしようという気持ちにさせてくれます。

この本の後半でもふたたび修復の詳細を取り上げますが、ここでは、基本的なTODOをご紹介したいと思います。

次の①〜④が基本のTODOです。

①ごめんねと言う

②子どもに自分の振り返りを共有する（何が起きたかについてあなたの記憶をもう一度話し、子どもに自分だけの思いこみではないとわからせる）

③あんなふうにふるまわなければよかったと思っていることを伝える

④いまだったら、そして将来はどのようにふるまおうと思っているかを話す

親が怒鳴るのは子どものせいではないですし、親が冷静でいられるようにするのは子どもの仕事ではありません。ですから、**子どもがあなたにそのふるまいを「させた」などとほのめかしてはいけません。**親であるあなたはわが子のロールモデルです。あなたの子どもが、親も発展途上なのだと理解すれば、子ども自身も、自分が悩みや失敗から学び、よくないふるまいをしたときに自分で責任をとることができるのだと思えるでしょう。

修復は、大げんかの10分後にしてもいいし、10日後でも、10年後だってすることができます。修復の力を、けっして疑わないでください。いつでも、あなたが子どものところへ戻るとき、子どもは再設定することができ、ストーリーの結末が孤独と不安ではなく、つながりと理解で終わるように再設定できるのです。そうすれば、子どもが自己嫌悪することは少なくなり、あなたとの関係性を強化し、大人になっても健全な人間関係を築く準備ができます。わたしたちが皆よく知っているように、ゆるぎない関係というのは、対立することがまったくないからゆるぎないのではなく、意見の相違があっても仲直りすることができ、誤解のあとでもわかり合えるから、ゆるぎないのです。

1* W・R・フェアベーン『人格の精神分析学的研究』（邦訳・文化書房博文社）

6章 レジリエンスを育む

あるお母さんが言いました。

「うちの子どもたちは、もっと幸せを感じてもいいはずなんです。必要なものは全部手にしているのに、ささいなことを気にするんです」

また別のお父さんの話です。

「娘は大きなテーマについて心配しすぎるんです――家のない人のこととか、死ぬこととか……まだ7歳なのに！〝心配しないで！人生にはいいことがたくさんあるんだから、そのことを考えよう〟と言うんですが、娘は夜になっても眠れないんです」

あるお母さんは、わたしにこう打ち明けます。

「夫がいうには、わたしはいつも子どもたちに手をさしのべて、子どもの人生を簡単にしすぎてしまうんだそうです。それって、そんなに悪いことですか？自分の子どもには幸せでいてほしいですよね？先生もそう思うでしょう？」

自分の子どもに幸せでいてほしいかって？　もちろん！　当たり前です！　ただしわたしは、この相談者たちは、本当のところ幸せについて話しているのではないと思います。どれも、幸せを育むことについてではなく、不安や苦痛を避けることについて話しているように思えます。考えてみてください。本物の幸せとは、どこからやってくるのでしょう。わが子の不安や孤独をすべて取り除いて、いつもよい気分にさせてやれば、子どもは自分で幸せを育めるようになるのでしょうか。

「子どもを幸せにすること」を育児の目的にしない

わたしが知っている親は一人残らず、わが子に、その子にとってベストな人生を歩んでほしいと望んでいます。わたしだってそうです！　ただ、その「ベスト」が、不安や苦痛を避けた先にあるとは思えないのです。

わたしにとっては、子どもに幸せを感じさせることよりもレジリエンスを身につけてもらうほうがよほど魅力的です。レジリエンスとは、さまざまな点で、わたしたちが幅広い感情を経験してもなお自分自身でいられる能力のことです。

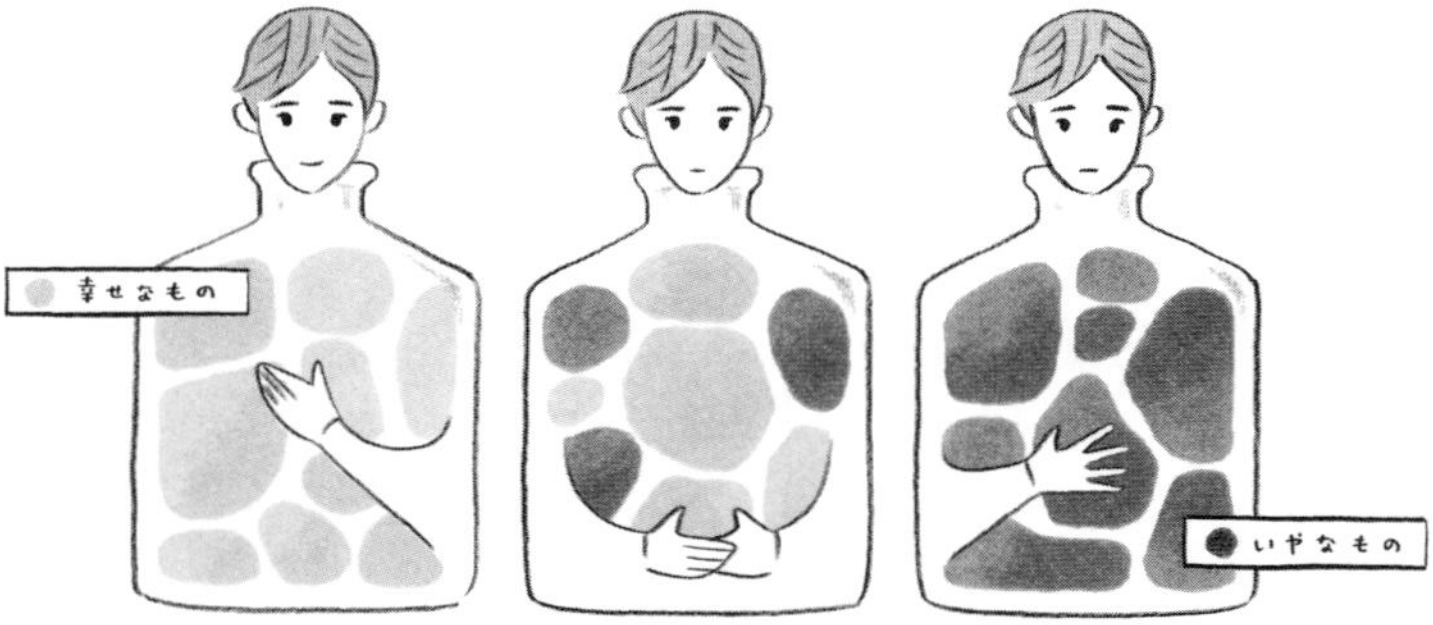

結局のところ、**幸せを育めるかどうかは、不快感の調整にかかっています。**幸せはそのほかすべての感情を「打ち負かして」くれるわけではありません（そうだったらもっと楽なのに！）。ですから、わたしたちはまずつらいことを調整する方法を学ばなければならないのです。

あなたの体が、大きなガラスのびんになったところを想像してください。説明を簡単にするために、感情は二つのカテゴリーに分類できることにしましょう。いやだと感じるものと、どちらかといえば「幸せ」に感じるものです。感情のびんの中には、この世に存在するありとあらゆる感情が入っています。それぞれの感情の大きさは常に変化していて、それにしたがい、その感情がびんの中でそのとき占めているスペースも常に変化しています。落胆、いらだち、嫉妬、悲しみといった感情に対処しきれず、その感情がびんの中のスペース全体を占めてしまうとき、わたしたちの体はストレス反応を開始します。

そして、わたしたちの体に危険を感じさせるのは、いやな感情そのものだけではありません。わたしたちは、**不快が生じていることを不快に思い、不安が生じることを不安に思います。**物理的な危険はなく、不快で大きすぎる感情の「危険」だけがある場合、「やだ！いますぐこの感情を追い払わなきゃ」と考えることで、ますます不快感は大きくなっていきます。最終的には、こうして人は不安に飲みこまれてしまいます。不安とは、不快感に対する不耐性と言い換えられるでしょう。こうしていやな感情がびんからあふれ出している状態が、かんしゃくです。

もちろん、この事態を回避することは可能です。わたしたちが調整できる感情の幅が大きいほど、つまり、いらだちや落胆、嫉妬や悲しみに対処できるほど、幸せを育てるためのスペースを広く持てるのです。感情を調整することは、突き詰めれば、これらの感情の周りを緩衝材でくるみ、感情の衝撃を和らげ、びんいっぱいに広がってしまわないようにすることです。まずは調整、幸せはその次と考えましょう。

わたしはわが子に幸せでいてほしいし、大人になったときも幸せを感じてほしいと思っています。だから、レジリエンスを身につけることに力を入れているのです。**レジリエンスがあれば、わたしたちは人生で経験するストレスや挫折、失敗、逆境から立ち直ることができます。レジリエンスがあるからこそ、幸せが出現するのです。**

レジリエンスの力

ありがたいことに、レジリエンスは、子どもが持っている／持っていないのどちらかでしかないような、固定的な特質ではありません。それはのばすことのできるスキルであり、うまくいけば、子どもが幼いときから親が教えることのできるスキルです。

子どもにとって、レジリエンスが必要となる場面は、驚くほどたくさんあります。倒れてしまったブロックのタワーを積み直すとき。難しいパズルを根気強く解くとき。文字を覚えるとき。仲間外れにされたとき。どれも、レジリエンスを必要とします。これらの場面すべてにおいて、レジリエンスを持っている子どもは、深呼吸をして、自分自身にやさしい言葉をかけ、難しくて成功するかもわからない課題に挑戦し取り組みつづけることができます。

レジリエンスは、困難に直面したときにうまくやりとげる能力だとよく言われていますが、レジリエンスは結果的に成功することとは何の関係もありません。レジリエンスを養うということは、不快感に耐え、つらくて難しい出来事から逃げ出さず、達成のお墨付きや成功の約束がなくても、しっかりとした足場と、自分のよい部分を認識できる能力を身につけることです。

そのためには、親は、どうすればいいのでしょうか。『子どものレジリエンスの手引き』(未邦訳)を書いた心理学者のロバート・ブルックスとサム・ゴールドスティーンは、子どもがレジリエンスを身につけるにあたり、親からもっとも必要とするものについて、次のように述べています。共感、傾聴、子どもをありのままに受けいれること、安全で一貫性のある存在としてそばにいること、子どもの強みを特定すること、失敗を許容すること、責任感を身につけさせること、問題解決スキルを強化すること。

本書で紹介する考え方や介入には、すべてその中心に、子どもにレジリエンスを育んでほしいという思いがあります。育むために親がするべきことは、不快感に向き合う子どもの孤独を軽減することです。たとえば、子どもが、「積み木のタワーがすぐに崩れちゃうよ！　手伝って！」と言ってきたとき、「貸してごらん、じょうぶな土台を作ってあげる」と言うのは、難しい状況から子どもを救い出す対応です。そうではなく「うわあ、むかつくね！」と、子どものいらだちを代弁してみます。それから、聞こえるように深呼吸して、「うーん……どうしたら、もっとじょうぶにできるかな」と、好奇心を示します。

子どもが、「クラスの子はみんな歯が抜けたのに、ぼくだけ抜けていない！」と言ったときには、「大丈夫、すぐ抜けるよ。それに、文字の多い本を読めるのはあなただけでしょ！」と言って、落胆をごまかすことはしません。代わりに、こう言います。

「みんな、もう歯が1本抜けたんだね。自分だけ抜けていなくて、悔しいんだね。わかるよ。ママ／パパも幼稚園のとき、同じような気持ちになったことがあったなあ……」

子ども自身が経験していることの外に子どもを連れ出すのではなく、わたしたちのほうが、子どもの経験の中に存在することで、不快を感じている子どもとつながれるのです。

備えあれば憂いなし

子育てにおいて幸せを目標にすると、子どもが自分で問題を解決できるように備えさせてやるより、親が子どもの問題を解決してしまいたくなります。わたしたちは、目標志向の社会に生きていますから、「成功」という名の幸せのために、子どもの失望を最小限にして、問題や悩みのある状況から何かを成し遂げた状況へ、いやな気分からよい気分へと、さっと移動させてしまうのです。

そうしたくなる衝動は十分理解できますが、もっと長い目で見てみましょう。

4章にもあるように、**いまのわたしたちの子どもとの交流の在り方は、現在だけでなく、今後数十年、子どもがどんな大人として生きるかを左右します。**不快に対処する方法ではなく、回避する方法を教えられてきた子どもの中では、次のような回路が組み立てられます。「不快は悪いもので、まちがっていて、すぐに楽になる必要があるというサインだ。早く、〝いい〟気持ちにならなければ」。これは、レジリエンスを育むことで組み立てられる、次のような回路とは大きく異なるものです。「たまには、不快な気分になることもある。不快は、学びの機会だ。不快は怖くない。ママ／パパもぼくの不快に耐えてくれていた」。

子どもが、「みんな、わたしより走るのが速いの」と言ったとき、あなたは数学が得意でしょうと思い出させること。子どもが悲しそうな顔で、「今日はアヌジの誕生日パーティーだけど、ぼくだけ招待されなかったんだ」と言ったとき、どうせたいしたパーティーじゃないし、アヌジだって本当はあなたのことが好きだよと説得すること。これらは子どものためになると思っていても、実際に子どもが受けとっているのは、「わたしは（ぼくは）不快を感じちゃいけない。いい気分じゃないときは、なるべく早くいい気分になるのが自分の仕事なんだ」というメッセージです。

人生における、より大きなストレス要因についても同じことが言えます。家族の死、離婚、転居、パンデミック。わたしたちが子どもに「問題ないよ」とか、「まだ小さいんだから、心配しなくていいんだよ」などと言うとき、子どもは、いま感じているように感じてはいけないのだ、ということを学びます。

多くの親はわたしに、子どもをつらい感情から「守りたい」と言います。この善意による介入は、しばしば裏目に出ます。なぜなら、**「守る」ためにすることの多くは、実際のところ、子どもがすでに感じている感情を、ひとりぼっちで抱えたままにすること**であり、それは感情そのものより恐ろしいことだからです。親がなすべきことは、つらい感情から子どもを守るよりも、むしろ、そうした感情に対して備えさせることです。そして、備えをさせるのにベストな方法は、誠実さと愛情を持ってそばにいてやることです。

つまり、「おばあちゃんはただ……遠くに行ったの。すてきな場所にいるんだよ」と言うのではなく、「いまから、すごく悲しくなるかもしれないことを言うね。おばあちゃんが昨日亡くなったの。もう、体が動かなくなったってことだよ」と言って、そこで言葉を止め、子どもの隣に座って何が起きるのかを待ちます。そのあとで、「すごく悲しい気持ちになるのは悪いことじゃないよ」とか、「すごくいい質問だね――こうやって話し合えてよかった」などと言ってもいいでしょう。そうすることで、不快は人生につきものだけれど、つらいことやいやなことがあったときには、愛する人とそれについて語り合い、乗り越えられるのだという、より大きな学びを子どもに与えることができます。

あなたは、あなたの子どものレジリエンスの建築家であり、**レジリエンスはあなたが子どもに与えられる最高の贈り物**です。結局のところ、人生でふりかかる多くの困難にうまく対処できることは、幸せにもっとも確実にたどりつくための道なのです。

7章 行動はあとからついてくる

想像してみてください。時間は夕方の5時半。家の中のことが何一つとしてうまくいかないように思える、魔の時間です。あなたはキッチンにいて、夕食の準備を始めるところ。そこへ、子どもたちが、お気に入りのおもちゃで遊ぶ順番をめぐってけんかしているのが聞こえてきます。スマホにはメールの受信通知――上司が、あなたが最近手がけたプロジェクトにだめだしをしてきました。そして、さあ料理にとりかかろうというそのとき、冷凍庫に入っていると思っていた鶏肉はとっくに使ってしまっていたことに気づきます。あなたは戸棚からチェリオスを出して、今日は夕食にシリアルを食べるしかない日だと覚悟します。ところが、そこでパートナーがキッチンに入ってきてこう言います。「トイレットペーパーがないんだけど――どうして買っておいてくれなかったの？」。

あなたはシリアルの箱を床にたたきつけ、チェリオスが飛びちる中で叫びます。「あなたは家族のために、何か一つでもできないの？　たった一つでいいのに！　もうがまんできない！」。そして、背中を向けてキッチンを飛びだします。

この状況をくわしく見てみましょう。あなたがカチンときて、怒鳴り、シリアルの箱を投げたとき、本当に起きていたことは何でしょう。表面的には、あなたは制御を失い、調整不能のふるまいをしました。けれど、水面下には、心が傷ついて、満たされず、誰かに認めてもらうことも支えてもらうこともなく、いらだちを抱えている人が見えますよね。

わたしたちが表面で見ているのは行動であり、水面下に見ているのは人間なのです。シリアルの箱を投げたことは、メインイベントではなく、水面下をのぞくための窓です。行動は、どんなものであれ、窓です。この窓をのぞきこめば、誰かの感情、考え、衝動、感覚、物の見方、満たされていない欲求を知ることができます。

行動第一主義のアプローチを変える

ではここで、キッチンに戻ってみましょう。シリアルの箱を投げたとき、あなただったら、パートナーにどうしてほしいですか。投げてはいけない、などと説教されたくはないですよね。そんなことは当然わかっていますから。

パートナーの反応を二つのパターンに分けて見てみましょう。

パートナーの反応1 トイレットペーパーのことを言っただけなのに、大げさすぎる！ あんな行動が許されると思われたら困る。

「子どもじゃないんだからさぁ。やめてくれよ！」

パートナーの感情1 怒り、距離感、憤り、批判

パートナーの反応2 うわあ、困っちゃったなぁ……。でも、あんなことするんだから、まったく余裕がなかったのかな……。

「いつものきみらしくなくてびっくりしたよ。きみも自分があんなふうになるのは好きじゃないと思う。どうしたのか、話してくれないかな」

パートナーの感情2 好奇心、共感、わずかなためらい、つながり

きっと誰でも、二つ目の反応のように、寛大に受けとめてもらいたいですよね。一つ目の反応は、わたしが「行動第一」のアプローチと呼ぶもので、二つ目の反応は、「行動は

窓」のアプローチです。

夫婦の話はこのくらいにしておいて、子どもについて考えてみましょう。何年ものあいだ、ほとんどの親は、とても行動第一主義的な育児モデルを勧められてきました。**できたねシール、ごほうび、ほめる、無視する、タイムアウト……これらはすべて、「どうしたら行動を変えられるか」という問いを中心とした、行動を修正する手法のバリエーションです。**子どもの望ましくない行動を変えたいという気持ちになるのはわかりますし、わたしだって、自分の子どもに対してそう思います！　でも、**わたしたちが考えるべきことは、「どうやってアプローチするか」です。**

子どもの中で燃える炎を落ち着かせるのに必要なものを与えてやれば、子どもの行動は、外側から見てそれほど爆発的ではなくなります。行動の裏にある動機は何かを理解することで、子どもがレジリエンスを身につけ感情を調整するのを助けてやることができます。**行動の変化は必ずあとからついてきます。**もちろん多少のタイムラグはあるでしょうが、ひとたび変化が起きれば、その変化は長続きする有意義な変化として、幅広い場面に普遍的に表れます。

たとえば、ある男の子が、まだ赤ちゃんの妹から何度もおもちゃをひったくっているとしましょう。行動に着目してしまうと、自己中心的で、分け合うことのできない子どもが見えます。ですが、行動という窓を通して新しいきょうだいに対する感情を見るとき、突然、わたしたちには男の子が自分の世界で不安を感じていること、大切なものが自分から急に奪われてしまうのではないかと恐れていることが見えてきます。

このとき、どんなアプローチが考えられるでしょうか。男の子からおもちゃを取り上げて赤ちゃんに返すにしても、そのあとで、こんなふうに言葉をかけることができるでしょう。「生まれたばかりの赤ちゃんが家にいるってすごく大変だよね！」。そして、男の子と一対一で向き合う時間を作ったり、ごっこ遊びの中でこの話題を取り上げたりすることができます（「ダンプカーくんが、新しい妹のブルドーザーちゃんからおもちゃをひったくろうとしているよ！　どうしたらいいかな……ダンプカーくんが、もっといい決断ができるように、助けてあげよう」）。結局のところ、この出来事はおもちゃとはまったく関係がないのです——それは、男の子の世界が大きく変わったことと、それでも自分は安全だと親に保証してほしいという欲求の表れです。ひとたび自分の気持ちを制御できるようになれば、やがて男の子は自分で行動を変化させるでしょう。なぜなら、行動は実際には症状にすぎないからです——中心となる問題に対処すれば、症状はやがて消えてしまいます。

　また、こうした上の子と赤ちゃんのおもちゃの取り合いにかぎって言えば、わが家の場合、赤ちゃんがさほど気にしていない様子なら、わたしはたいてい……何もしませんでした。何もせず、待つだけです。子どもにおもちゃを返させることもしません。これこそ、最高にすばらしい瞬間です。わたしは、わが子を内側ではよい子として見ています。その行動が永遠に続くかもと恐れてはいないので、感情的に反応することもありません。根底にある問題は、おもちゃとはまったく関係なく、息子の気持ちが大切なのだとわかっています。すると、本当の話、息子はたいてい自分からおもちゃを返しました。

子どもの行動の動機に目を向ける

　行動を修正するメソッドを使えば、一時的であっても、行動を変化させることができます。そのことは否定しません。また、より深い働きかけには時間がかかり、誰もがいつでもそうする機会を持っているわけではないことも、否定しません。子どもの行動をいますぐ変化させなければいけないという状況もあります。

　わたしたちは、仕事と家庭の両立で十分疲れているし、親であると同時に一人の人間であるということはとても大変なことです。でも、水面下にあるものに対処しないかぎり、子どもの行動の動機づけとなる力学を変化させることはできません。雨漏りの原因を突き止めようとせずに、天井にダクトテープを貼っても意味がないのと同じです。

もしわたしが、おもちゃをひったくることについて「行動第一」のアプローチでいたら、その行動を変化させようとあの手この手でがんばることになるでしょう。「おもちゃを取らなかった日には金色の星のシールを1枚あげる」と言うかもしれません。「おもちゃを取ったら、テレビを見られないよ！」と言うかもしれません。

こうしたアプローチには、さまざまな欠点があります。子どもは、誰かとつながる代わりにひとりぼっちになります。親が子どものことを、制御して行動を改善させる必要がある「悪い」子だと考えているというメッセージが、子どもに伝わってしまいます（思い出してください、子どもは常に、親が表現する自分の姿を見てとり、それを吸収するのです）。いちばん重要なのは、**子どもの内側で本当は何が起きているか、そもそもその行動をする原因になった不快感や大きすぎる感情に、「行動第一」のアプローチでは気づけない**ということです。

もしあなたのお子さんが、積極的に周りの人を喜ばせようとするタイプの子どもなら、行動修正のメソッドはとくに効果があるように見えます。なぜなら、こうした子どもは親の望む姿に自分を合わせようとするからです。ですが、人を喜ばせようとする傾向を強化することは、子どものうちは「便利」でも、後々で大きな問題を引き起こしかねません。ノーと言えない、自己主張ができないだけでなく自分の欲求を自覚できない、自分が損をしても他人の幸せを優先してしまう、など。

人を喜ばせることにそこまで熱心でないタイプの子どもはどうでしょうか？　行動修正のメソッドは、挑戦的なふるまいを改善するどころか、強めてしまうことが多々あります。なぜなら、内側の自分を見てもらえていない、聞いてもらえていないと感じるとき、わたしたちは外側の表現をエスカレートさせ、真剣に向き合ってもらおう、欲求を満たしてもらおうとするものだからです。その場で行動をやめさせることには「成功」しても、その裏にある欲求は満たされることなく、またどこかで顔を出します。そう、モグラたたきのように。雨漏りの根本的な原因に対処しなければ、水は流れつづけるのです。

行動を制御すると犠牲になるもの

行動第一のアプローチのもう一つの問題は、子どもの行動を制御しようとするところにあります。金色の星のシールやタイムアウトは、子どもが幼いうちは「成功」するかもしれません。ですが、子どもが大きくなり、金色の星が力を失うと、恐ろしい結果が待っています。ある両親は、16歳になる息子さんのことについて、わたしに相談に来ました。

息子さんは幼い頃からいつも「難しい子ども」で、多くの専門家に相談したところ、さまざまなごほうび、罰、因果関係などを勧められたそうです。これらの方法は、うまくいっているように見えても、また新しい問題行動が現れました。次の方法を試し、また次の問題に対処し、問題が消えたかと思うと……また次の問題が現れる。このサイクルが、10年以上続いているとのことでした。いまは、門限を過ぎても戻らなかったり、学校をさぼってどこかへ行ったり、生活そのものが荒れてきてしまっている状態です。

この話を聞きながら、わたしははっと気がつきました。この親は、16年間、わが子との関係性を築く機会を逃してきたのです。初めてわたしのところに相談しにきたとき、そこには、まったく何もありませんでした。できたねシールやタイムアウトなど、ごほうびや罰を使って子どもに接するとき、それは本質的には、言われた通りに行動することがいちばん重要なことだと言っているのと同じです。子どもの不快感や個性（相手の個性に興味を持つことは人間関係の形成に欠かせません）には無関心だと伝えているようなもので、子どもはそれを感じとります。

そうして16年がたち、この夫婦の息子は、本質的にはこう言っているのです。「シールも罰もどうだっていいよ。ぼくはもう体が大きいから、タイムアウトでむりやり部屋の外に出すこともできない。お母さんもお父さんも怖くなんてないし、ぼくたちのあいだには何のつながりもないから、ぼくに影響を与えることはできない」。

制御の手法を使いたいがために関係性の構築を犠牲にすると、子どもは年をとっても、多くの面で、発達における幼児の段階に留まったままになります。なぜなら、よい人生を歩むために必要な感情の調整、対処スキル、内因性動機づけ、欲望の抑止などを育む機会を、何年ものあいだ奪われてきたからです。親が子どもの外側の行動を外側から制御しようとやっきになっていると、こうした重要な内的スキルを教える機会を犠牲にすることになるのです。

もう一つ、行動を修正するより、つながりに重点を置くべき理由があります。わたしは、

「つながり資本」という言葉についてよく考えます。くわしくは11章でまとめていますが、子どもとのあいだに積み上げたいプラスの感情の蓄積を意味する言葉です。わたしたちは、問題が起きたときや関係が緊張したとき、この資本を活用することができます。子どもが小さいうちに、この資本を積み上げておかないと、そう、思春期や青年期に何もあてにできなくなってしまいます。この時期は、かつては頼りになった行動修正のメソッドはもう使えなくなる時期でもあります。

先ほどご紹介した家族は、もう手遅れなのでしょうか。もちろん、手遅れなどではありません。まだ間に合います。このことは5章ですでにお話ししましたね。ですが、大変なことは確かです。変化を起こすことは可能ですが、同時に、難しい仕事でもあります。

わたしは、ほかの専門家の力も借りてこの家族の問題に時間をかけて取り組み、いくつかの大きな変化を目の当たりにしてきました。ご両親は20歳になった息子さんとの修復をいまも続けています。取り組みを始めて1年ほどたった頃、お父さんが話したことが心に残っています。

「非常に多くの専門家から、タイムアウトや罰やごほうびといった仕組みを使うようにアドバイスされ、どれもとても論理的に思えました。問題行動が90％減ったなど、目覚ましいデータも引用していました。親なら誰でも、心惹かれるはずです。でも、わたしには全体像が見えていませんでした。**わたしたちがやりたいのは、『子どもの行動を作り上げる』ことではありません**……息子がよい人間になれるよう、手助けをすることです。息子を理解し、いやな気分になったときに手を貸してやりたい。以前のやり方が、実は事態をさらに悪化させていたなんて、思いもしませんでした。このことは、多くの親が知るべきとても重要なことです」

育児のエビデンスとの付き合い方

確かに、信頼できる科学雑誌に掲載された正真正銘の研究が、「行動第一」のアプローチのエビデンス（根拠）を示しています。わたしは科学やエビデンスが大好きですし、こうしたアプローチが悪いとまでは言いませんが、行動の変化に関するエビデンスを追い求めていると、すぐ目に入るものを優先してしまい、本当に大切なものを見失ってしまいます。

往々にして、エビデンスにもとづく育児アドバイスは、行動が変化したかどうかで成功を測ろうとします。行動第一主義の枠組みに従っているのです。ですが、わたしに言わせてもらえば、それだけでは成功とは呼べません。あなたの子どもが、おもちゃをひったくるのはやめたけれども、赤ちゃんの妹が自分の世界を逆転させてしまうのではないかとまだ不安に思っているならば、本当の意味で子どもを助けたことにはなりません。あなたは親である自分を助けただけです。それも、一時的に。

「行動第一」のアプローチが魅力的に思えるもう一つの理由は、具体的で明確だからです。正直に言ってしまえば、よい行動のごほうびにシールを渡すというのは、わかりやすいです。一方で、なぜそもそも子どもがよい行動をとらなかったのか、その根っこを理解するのは、そう簡単ではありません。いつどのように「タイムアウト！」と言うべきかの基準は明確で、難しい質問をするよりも実行しやすく思えます。ですが、「難しいほうの」選択肢を選ぶとき、わたしたちは重要な一歩を踏みだしています。

アルフィー・コーンは、教育に関する画期的な著書『しつけを超えて：コンプライアンスからコミュニティへ』（未邦訳）において、伝統的なしつけは、一時的に「行動を変化させるが、人を成長させることはない」と述べています。代わりに、コーンは大人たちに、「その行動を起こした動機や、その動機に我々が影響を及ぼす方法を理解するために、ある行動の〝向こう側を〟見通す力」を身につけるようにと促しています。

どうすれば、この力が身につくのでしょうか。一見、とてもよいアイデアに思えますが、息子が口答えをしたり、娘が食べ物を投げたり、あるいは二人そろって家具の上でジャンプしたりしているまさにその瞬間に実行するのは、そう簡単ではなさそうです。

ここでも、まず大切なのは、好奇心を示すことです。問題が起きたときに、自分自身に問いかけることのできる質問をいくつかご紹介しましょう。

○子どもの行動の、いちばん寛大な解釈（ＭＧＩ）は何？
○そのとき、子どもに何が起きていた？
○行動が起きる直前、子どもはどんな気持ちだった？
○子どもが調整できずにいる衝動は何？
○自分に当てはめるとしたら、どんな状況？
○自分が同じ行動をとるとしたら、どんなことで苦しんでいるとき？
○子どもが、わたしにわかってもらえていないと思っていることは何？
○内側ではよい子どもが、つらい思いをしているだけだと考えたら……つらい思いをしている理由は？

◯この行動の裏で示されている、もっと深いテーマは何？

自分にこれらの質問をしたあとは、（正直に答えたと仮定すると）当然、次のステップは、何であれ明らかになったことに対応し、望ましくない行動をとった子どもに注目して、関係性を深めることです。

具体例を使って説明しましょう。あなたは、4歳の息子に、仕事の電話をしているあいだは静かにしてねと言ったところです。ところが、静かにするどころか、子どもは机の上のものを放り投げて大騒ぎしています。仕事の電話が終わったあと、あなたは子どもを責める代わりに、行動は窓であることを思い出し、自分に問いかけます。

「MGIは何？」――子どもは、あなたにどうしても注目してもらいたいことがあったのに、自分を見てもらえていない気がしていた。そうした感情に、幼い体ではうまく対処できなかった。

「自分に当てはめるとしたら、どんな状況？」――パートナーがスマホに夢中で、話を聞いてもらえなかったとき、腹が立って、怒鳴ってしまった。

子どもがしたことと、ほとんど同じだ！　そう気づいたあなたは、子どもにこう声をかけます。

「ママ／パパが電話しているあいだ静かにしているのは、すごく難しいことだったよね。楽しく遊んでいたのに、急に電話されたら、いやな気持になるよね。わかるよ。ちょっとだけ、練習してみよう。今度は、ママ／パパが電話を取ったら、こっそり手をつなぐことにしよう。そうしたら、あなたのことを忘れていないのがわかるでしょ」

罰を与えないと、同じことを繰り返す？

このような罰を与えないアプローチに不安を覚えたり、直感的によくないと思ったりするのは珍しいことではありません。多くの親は、「問題のある行動をした」子どもに「ポジティブに注目する」ことは、同じ問題行動を続けさせることになるのではないかと心配します。ある親が最近、わたしにこう言いました。

「罰を与えるのはやめましたが、そうすると、娘が悪いことをしたときに、結果として特別にわたしと一緒にいる時間をゲットすることになり、その繰り返しになっています。悪いことをすれば、親に注目してもらえると思ってほしくはないのですが、いままさに、娘はそうやって注目してもらっているんです。助けてください！」

不安に思うのも無理のないことです。ですが、わたしだったら、問題行動のあとにつながりを減らすよりも、問題行動とは関係ないところでつながりを増やそうとするでしょう。問題行動は多くの場合、注目やつながりを求めるサインです。これらの欲求が満たされれば、助けを求める声はもう必要なくなります。だから、何か行動が起きた「直後」にその行動を正すことは難しいのです。本当の変化を起こすには、継続的なつながりが必要であり、問題行動の悪循環に陥っている子どもには、積極的な注目、一対一で向き合う時間、自分が認められていて、大切にされていて、自分のアイデンティティは問題行動とは別のところにあると保証してもらうことが、もっとたくさん必要です（問題行動とは関係なくつながりを増やす方法は、11章で伝えます）。

子どものために努力して時間を割くことは、とくにその子どもが過去に問題行動を起こしたことがある場合は、「わたしはあなたを悪いだけの子だとは思っていないよ」と伝えることになります。

でも次にまた子どもが困ったことをしたら？　深呼吸をして、いつも物事が最短距離で前進するわけではないことを思い出しましょう。必ずしも、すぐに向き合わなくてもいいんです。家事で手一杯なら、そのことも伝えればよいのです。

「いやなことがあったんだね。弟に腹が立ったとき、体を危険な目にあわせずに、怒っているって伝える方法を一緒に考えよう。いま、洗濯物をたたんでいるところだから、よかったら、そこに座って。あとで、二人きりで過ごす時間を作るからね。大好きだよ」

行動は窓だという考え方に慣れること、実際にその向こうで起きていることが見えるようになることは、難しいことです。なかなかうまくできなくても……大丈夫！　あなたはどこもまちがっていません。だいたい、これまでに、あなたの行動を、その後ろにもっと大きな事情があるという前提で見てくれた人は、あまりいなかったでしょう。

行動を手がかりとみなすには、練習が必要です。腹筋を鍛えるのと同じことだと考えてみてください。努力を欠かさず、何度も繰り返し、つらかったり違和感を覚えたりしても耐えなければなりません。でも、一度変化を感じはじめると……自分の努力が報われるのを目の当たりにするほど、誇らしくうれしいことはありません。それが、正しいと感じられて、よい気分になれるものならなおさらです。

8章 怒らないし、甘やかさない

「うちの長女は、『ごめんなさい』って言わないんです。昨日は、妹のお気に入りのブランケットを隠して、大泣きさせました。自分のやったことを認めようとしないし、ごめんなさいとも言おうとしないので、わたしはかっとなってしまって。このまま意地悪な子に育ってしまったらどうしよう」

「息子はすっごく意地っ張りなんです。算数でつまずいていて、わたしは時間を割いて手伝っているのですが、教えようとすると無視して、そのうち感情を爆発させるんです。本当に腹が立ちます」

「娘はいつも嘘をつきます。たいていは、食べちゃだめと言われたお菓子を食べたのに食べていないとか、小さな嘘なんですが、最近、大きな嘘をついて。学校のサッカーチームから外されたことを、わたしたちに言わなかったんです。本当のことを言わなきゃだめだぞとか、嘘をつくのは悪いことだと言っても、何も変わらないんです」

さて、ここで何が起きているのでしょう。この三つの状況（あやまらない、意地を張る、嘘をつく）のすべての中に、わたしにはシャットダウンしている子どもが見えます。この子たちは、つらい現実を生きることに苦しんでいます。妹のブランケットを隠してしまったという現実、算数が苦手だという現実、希望通りにならなかったという現実。どの状況でも、親の説明からは、子どもがそのことに向き合うのを避けようとして調整不能にふるまっていることがわかります。これは「自分を恥じる」気持ちの本質です。

子どもの「恥じる」気持ちを放置しない

何をどう恥じるかは人によってちがいますから、まずは、この本における定義を決めておきましょう。わたしの定義では、恥じるとは、「自分のこの部分は、誰にも認めてもらえない──誰も、この部分に触れたくないし、そんな自分と一緒にいたいと思わない」という感覚です。

これはとても強い感情で、自分を恥じているときは、他人との接触を避けようとします。隠れたり、距離をとったり、他人に近づくのではなく、離れていこうとするのです。そして、子どもの究極の恐怖を呼びさまします。アタッチメントが形成できないという考えです。「わたしは／ぼくは内側でもダメな子だ、価値がないし、愛してもらえないし、そばにいてもらえない……ひとりぼっちになってしまう」。

子どもの生存はアタッチメントにかかっているため、自分を恥じる気持ちは、体にとって超危険信号です。見捨てられる可能性につながる感情や衝動や行動ほど、子どもにとって調整を失わせるものはありません。それは本当に、生存を脅かす、存在にかかわる危険なのです。

こうしたことから、恥じる気持ちはアタッチメントの仕組みと連動する形で、子どもに対して、アタッチメントを得る上で邪魔になる部分を隠すように信号を送ります。恥じる感覚が耐えがたいのは、それがわたしたちの体に、苦痛だけれども重要な情報を突きつけるからです。いまの自分のままでいつづけると、必要な欲求を満たしてもらえず、代わりに、拒絶されるという情報です。

この背景を理解すれば、恥じる気持ちが防御メカニズムの一種として、子どもをその場に「フリーズ」させることが想像つくでしょう。**この「フリーズ」状態は、ごめんなさいを言えない、助けを受けいれない、本当のことを言おうとしない態度として表れます。問**

題は、この反応の鈍い、固まった状態の子どもは、親を怒らせがちだということです。なぜなら、親は子どもが自分を無視していると考えたり、子どもの行動を失礼な態度または無関心と誤解したりするからです。その結果、恥じる気持ちに対応するのではなく、子どもに怒鳴ったり、一人で部屋に行かせたりします。どのアプローチも、恥じる気持ちをエスカレートさせ、負の循環を繰り返させます。

では、どう介入すればよいのでしょうか。

「ごめんなさい」は言わせなくていい

子どもの恥じる気持ちを検知することは、親ならいつでも使えるようにしておきたい、必須スキルです。

子どもに問題が起きているとき、**恥じる気持ちを放置すると状況はさらに炎上します。**子どもの恥じる気持ちに気づき、どんな状況を恥じているのかを理解し、どんな形の行動として表れるかを理解することが「検知」です。そのあとで、恥じる気持ちを緩和し、子どもがふたたび安心と安全を感じられるようにするのです。まず、検知。次に、緩和です。

妹のブランケットを隠してしまったお姉ちゃんの話を思い出してみましょう。彼女は、妹が明らかに悲しんでいるのに、自分のやったことを認めず、ごめんなさいとも言わなかったんでしたね。あやまるのを拒否することは、恥じている典型的な例です。冷たく、思いやりがないように見えるかもしれませんが、実際には、「自分はダメな子だ」という気持ちに圧倒されて、フリーズしてしまっているのです。あやまることができないのは、謝罪すれば、自分をひどいことをした人間と「みなす」ことになるからで、愛してもらえないという望ましくない感情に向き合わなくてはならないからです。あやまることは、必然的に、見捨てられる恐怖を直視することであり、その代わりにフリーズして、それ以上の不快感を避けているというわけです。

そう、これだけのことが、「ごめんなさい」と言わないという単純なことの中では起きています。子どもが「身動きがとれなくなっている」ように思えるとき、恥じる気持ちにさいなまれているのかもしれないと考えてみてください。そうして、**検知したら、大切なのは、ちょっと間を置くことです。**子どもが恥じる気持ちに圧倒されているとき、わたしたちは本来の目標である、謝罪の言葉を引き出すこと、感謝させること、正直に話させることを脇に置き、緩和に集中しなくてはなりません。

先ほどの、ブランケットを隠してしまったお姉ちゃんにこう言っても、緩和はされません。「『ごめんなさい』は？　なんで妹にもっとやさしくできないの？」。このとき、お姉ちゃんは「ダメな子」の役割を押しつけられ、自分はダメな子だという自己認識を植えつけられ、さらに恥じる気持ちが強まりフリーズしてしまいます。

緩和を目的とした声かけは、たとえばこうです。

「うーん……『ごめんね』って言葉がなかなか見つからないんだね。ママ／パパにも、そういうときがあるよ。あなたが見つけられるまでのあいだ、ママ／パパが代わりに言ってあげるね」

そして、親であるあなたが、妹のところへ行き、「ブランケットを取ってごめんね。いやだったよね。どうしたらいい気分になれる？」と言います。それから、ここが重要なところなのですが、責めるような目つきはせず、説教じみた言い方もせず、「ほら、簡単でしょ！」というそぶりもしないで、先に進みます。**ただ伝わったと信じて――そう、ただ信じて――この話はおしまいにしましょう。**

その日、しばらくたって、子どもがいつものごきげんな様子に戻っていたら、こう言うといいでしょう。「あやまるのは難しいよね。ママ／パパだってなかなか言えないときがあるよ。大人なのに！」。または、ぬいぐるみを使って、どちらかのぬいぐるみがいやな思いをした状況を再現し、あやまることの難しさを表現してもいいでしょう。それに対して子どもが何か言ってきてくれたら、耳を傾けましょう。

ただし、こうした振り返りも学びも成長も、恥じる気持ちがまだ存在しているときは不可能だということに注意してください。**子どもが恥じる気持ちに飲みこまれているときには、親としての意図はいったん脇に置き、「公平」だと感じられることは一時停止しなければなりません。**行動を修正するという目標から、子どもが自分は内側ではよい子だと感じられるようにするという目標にシフトしなければなりません。そうすることで、子どもの「フリーズを解く」ことができます。このステップを飛ばすことはできません。体が、そういうふうにできているからです。

甘やかすとはちがう

あやまることについての例を読んで、「甘すぎる」と感じましたか？　わたしも、以前はそう思っていました。子どもに「ごめんね」と言わせることなく、親が代わりにそう言うことで、子どもがあやまらないことを許してしまっているのではないかと。そうやって心配するとき、多くの親が考えます。「いつまでも親が代わりにあやまってくれると思っていたら困る。自分であやまれるようになってもらわなきゃ！」。

さて、ここで深呼吸をして、子どもの（そして親の）内側にあるよい部分についてもう一度考えてみましょう。思い出してください。子どもは、内側ではよい子です。**やさしい子にするために、訓練する必要はありません。**やさしさの邪魔をしている壁を乗り越える手伝いをすればいいだけです。

その壁は、表面的には意地悪な行動のように見えますが、実際には、子どもを守るために出現しています。恥じる気持ちを緩和すること（「〜が見つからないんだね」）や、無理強いしないこと（代わりにあやまる）をわたしが勧めるのは、それが子どもの「気分をよくする」ことだからではありません。わたしがこうするように勧めるのは、子どもがやがて、自分のしたことはまちがっていたと反省し、自分からあやまる可能性がもっとも高くなるからです。

子どもが経験する恥じる気持ちのなかには、外的要因によってもたらされるものがあります。この世界では、子どもは自分ではどうすることもできない特性や環境によって評価されるからです。クラスメイトから、体型や、経済格差のことで恥をかかされることは、現代の子どもが直面し得るつらい現実です。

ただし、よいニュースもあります。あなたが親として介入できるときに緩和しつながりを増やしておけば、子どもは親の影響力の外にある世界で恥じる気持ちに駆られても、対処できるようになります。なぜなら、恥をかかされる原因が何であれ、それを減らすのに最適な方法はいつも同じだからです。自分が内側ではよい人間だと知ること、愛されるにふさわしい人間だと知ること、そして価値ある人間だと知ることです。

弱さやつらさに対処できる大人になるために

恥じる気持ちに対応してもらえないまま大きくなると、それは子どもの内側でわだかまりとなります。わたしたちは、このことを実感として知っているはずです。なぜなら、わたしたちの親世代の子育ては、いまよりもさらに「行動第一」のアプローチだったからです。行動の裏にある感情に注目される機会は少なく、親に受けいれてもらえなかった部分に、恥じる気持ちがくっついているのです。

たとえば、幼い頃はだめだと言われていたのに、大人になると、そうしても問題ないと言われることが（それどころか、推奨されることも！）あります。反対意見を言うとか、はっきりノーと言うとか、感情をオープンにして他人とつながることができるようにするとか。急にそう言われても、そうしたことを恥じる感覚が残っていると、子どもの頃の感覚のまま行き詰まっているように感じます。すると、大人として対応する代わりに、そうした行動を避けたり、不安に感じたりするようになります。

あなたが、「強くある」ことをとても重視する家庭で育ったとします。親には、よくこう言われていました。「すぐ泣くんじゃない」「そうやって落ちこんでいても、誰も助けてくれないよ」。家族のスローガンは、「人に頼るな、いつも笑顔でいなさい」。では、あなたの中の、強くない部分はどうなったでしょう。傷つきやすい部分……悲しい部分……不安な部分。そう、その部分は、表に出てはだめだと学習したのです。これが、あなたにくっついている恥じる気持ちです。

大人になったあなたは結婚し、仕事でストレスを抱えています。あなたの中には……そう、泣きたい部分、パートナーにすべてを打ち明けて、つらい経験を共有して支えてもらいたいと思う部分があります。ですが、子どもの頃の教えのせいで、あなたは無意識に感情を隠そうとします。ですから、あなたはパートナーには頼りません。友達にも頼りません。

その代わりに、感情は蓄積されてゆき、やがて増幅し、激しい反応、いらだち、怒りとなって表れます。または、引きこもって、心を閉ざしてしまうかもしれません。アルコールに頼って感情を消し、追いやってしまおうとするかもしれません。パートナーが、「悩んでいることがあるんだろ……話してごらん、一人で抱えこまないで！」と言ってくれても、あなたの体は次のようなメッセージを発しています。「ふん！　だまされないから！　わたしはわかってる！　〝一人で抱えこまないで〟だって？　話したら、もっとひとりぼっちになる！」。

恥じる気持ちは、わたしたちがどのように親密な人間関係を形成し維持するか、どのように育児をするか、子どもとのあいだに問題が起きたときどのように反応するかに影響を与えます。ですから、わが子の恥じる気持ちの検知と緩和を目指すとき、すこし時間を割いて、自分のことも振り返ってみてください。

あなたはこれまで、どの部分を「隠す」ようにしてきましたか。その結果、いまどんな影響がありますか。

わが子と接しているとき、どんなことをきっかけに、シャットダウンしたくなりますか。

どの部分が、大人になったいまも、認めてもらうこと、思いやってもらうこと、そして存在してもいいという許可を必要としていますか。

9章 正直に話す

この原則は当たり前すぎて、ばかばかしいと思われるかもしれません。この本の中でも、いちばん単純なアイデアでしょう。それでも、正直に話すことは、実際やってみようと思うとなかなか難しいものです。話をそらしたり、避けたりせず、わが子と話をするためには、自分自身の感情にじっくり向き合う必要があります。たとえその感情が不快なものでも、子どものためにやらなければなりません。それはなかなか大変なことです。

この本を読んでいるみなさんは、おそらく誠実さを大切にしているでしょう。自分は嘘をつく人間だとは思っていないし、子どもにもそう教えているでしょう。ですが、複雑で微妙な問題に対処するときは、どう言えばよいのか戸惑うこともあります。パートナーとの口論を子どもに聞かれてしまったとき。子どもがサッカーの試合で出場メンバーから外されたという残念な事実を認めるとき。人種差別について説明し、よくないことだと教えるとき。赤ちゃんがどこからやってくるのか、子どもが理解したいと思っている生理学的な知識を説明しなければいけないとき――。

親は、正直に話すことで、子どもが必要以上に不安に思ったり、ショックを受けたりするのではないか、より話しづらいことを聞かれるのではないかと心配します。ですが、まず、子どもが何を不安に思い、何にショックを受けるかについて考えるとき、わたしたちの多くは誤解をしています。不安やショックを与えるのは情報そのものではなく、情報を与えられずに混乱して孤独でいることです。

子どもは、環境の変化に気づくようにできています（「どうしてみんな急に『地震』って言いはじめたんだろう？」「どうしてぼくの両親は心配そうなんだろう？」「おばあちゃんのことを話していたけど、どういう意味だろう？」）。そして、変化を理解できないと、恐怖を感じます。子どもが脅威を認識したら、大人がやってきてその脅威を無効化し、安全だと確信させてくれるまで、その認識は続きます。

これは進化のせいです。人間という種が存続するためには、子どもは森からゴソゴソ音がしたら、大人がリスだと言ってくれるまで、クマだと思っていなくてはならないのです。たとえ本当にクマだったとしても、大人が自分を守ってくれるなら、子どもは安全だと感じるのです。親が子どもを支え、正直に、思いやりを持ってそばにいることが、子どもにとっての安全です。この条件さえ満たされていれば、つらい真実を知っても、対処できます。

もし子どもが、変化の兆しと恐怖を感じたまま、何の説明もなく放置されたら、どうなるでしょう。この状態には、「未構成の経験[1*]」というたいそうな名前がついています。簡単に言うと、何かがおかしいけれど、何が起きているのか明確な説明がない、という感覚です。未構成の経験は子どもにとって恐ろしいことなので、状況を制御するために、自己嫌悪(「これが起きたのは、自分のせいだ。わたしは悪い子で、手に余るんだ」)や、自己不信(「きっとわたしが、周りの空気をかんちがいしているだけなんだ。わたしの感覚はおかしいんだ。もし本当に何かが変化したなら、パパとママが説明してくれるはずだもの」)を使います。

放置されたと子どもに感じさせないためには、どうしたらいいのでしょう。明確で直接的で正直な情報を与え、同時に、子どもが大好きで信頼している大人であるあなたとつながった状態にすることです。そうすることで、子どもは安心を感じることができます。

正直に話すために使うことのできる、四つの方法をご紹介しましょう。一つ目は、子どもの物の見方が正しいと認めること、二つ目は、子どもの問いを尊重すること、三つ目は、知らないことは知らないと言うこと、四つ目は、厳密な「何が」の代わりに「どのように」に集中することです。それぞれくわしく見ていきましょう。

子どもの物の見方が正しいと認める

子どもに正直に話すべきとき、わたしはよく、こう言って始めます。「さっき起きたのは、○○○○○ということだね。あなたが気づいた通りだよ」。これはとても重要なことです。子どもは、周囲の環境を鋭く感知し、察しています。ただ、十分な人生経験がないので、危険なもの、ただやっかいなだけのもの、安全なものの区別がつかないだけなのです。実際、研究によれば、子どもは大人と比べて周囲の環境の細かなところによく気がつくことがわかっています。わたしたち親はよく、「うちの子はまだ小さいから気づかないだろう」とか、「いまのが理解できたはずはない」と考えますが……ちがうんです。**もしあなたが何かに気づいていたら、子どもも気づいています。**子どもは、一般的に無力だからこそ、周囲をよく観察し、変化（危険の可能性など）に気づくことで、身を守ろうとしています。

たとえば、あなたが幼い娘と一緒にブロックで遊んでいるとき、パートナーが廊下で掃除機をかけはじめたとしましょう。掃除機は、ほとんどの大人にとっては怖くもなんともないものです。あの音は、掃除をするための機械で、危険ではないと。一方、小さな子どもは、これを予想外の変化として受けとめます。泣いたり、親にしがみついたり、飛びのいて離れようとしたりするかもしれません。

子どもの物の見方を認めるには、こう言うことができるでしょう。「ブロックで遊んでいたら、ママ／パパが掃除機の電源を入れたね。すごく大きな音だったたし、いきなりだったね……突然大きな音がしたら、怖いよね。わかるよ。あれは掃除機といって、掃除機の音はすごく大きいんだよ！　ママ／パパはここにいるよ。大丈夫」。

この子は「ささいなことで大騒ぎしている」わけでもありません。子どもが怖がっているのは掃除機そのものではなく、突然正体不明の大きな音がしたことなのです。この状況で目指すべきは、子どもが音を気にしないようにすることではなく、音にまつわる単純明快な見解を伝えることです。子どもが大きな音の出どころを知り、親がそばで支えてくれることを感じられれば、掃除機の音は怖くなくなっていきます。

このアプローチは、子どもが目に見える反応を示していないときにも重要になります。

想像してみてください。子どもがランチを食べているあいだ、あなたとパートナーがキッチンで口論になったとします。子どもが平然とランチを食べつづけていて、説明を必要としていないように見えても、このように言うべきです。「パパとママは、いますごく大きな声を出してしまったね。あなたが気づいた通りだよ」。

子どもは物事に気づくようにできているので、落ち着いているように見えても、体の中には恐怖の感情が巣食っています。それを一人で抱えさせたくはありません。覚えておいてほしいのは、「大きな声」について、わたしはとても簡単な説明から始めたということです。声を話題にして、子どもの物の見方は正しいと認めました。これはとても大切なことです。

掃除機の話のところでも書きましたが、正直に話すポイントは、往々にして、**出来事のいちばん単純明快な見解を伝えること**です。わたしはよく、自分に言い聞かせます。「何が起きたかだけを話して。本当のことだけを言って、それ以上に複雑なことは言わないで」。こうすることで、子どもがいま必要としていることを与えることができます。

それから、状況によってはさらに先へ進みます。子どもに、あなたの責任ではないと伝えてもいいでしょう（とくに子どもが親の大きな感情や大人同士の口論に気づいている場合は有効です）。ですが、何よりも先にすべきは、子どもの物の見方が正しいと認めてやることです。

物の見方を認めるのがこれほど重要な理由の一つは、「たいしたことじゃない」とか「まだ小さいから気づいてもいないだろう」と決めつけていると、子どもは自分の物の見方を疑うようになってしまうからです。子どもはこう考えます。「ぼくの周りでは変化なんて起きてなかったんだ。ぼくがまちがってたんだ」。時間がたつと、このメッセージは深く根を下ろします。それは、周りで起きていることを無視するように子どもを訓練するのと同じことで、この訓練は、思春期や成人期になっても根を張りつづけるのです。同調圧力に負けず「みんな、これはまちがっているよ。ぼくは／わたしはやらない」と言えるためには、子どもは周囲の環境に対する自分の物の見方が正しいこと、そして自分の感情を信じる必要があります。デートや交際中に気が進まないことがあったとき、「いいえ、そういう気分じゃないです」とか、「やめて、ぼくは／わたしはやりたくない」と言えるようになるには、子どもの頃から、親から物の見方を正しいと認められ、自分を信頼できる必要があります。物の見方を認めてやることで、子どもは将来、何かがおかしいと感じたときにそれに気づき、自分を信じて声を上げることができるようになります。

もし、あなたのお子さんがすっかり大きくなっていたとしても、手遅れではありません。5章でお伝えした「遅すぎることはない」という大切な原則を思い出しましょう。わたしたちはいつでも、回路を再設定することができます。10代のお子さんには、「そういうふうに感じてもいいいんだよ」とか、「あなたの体の中にいるのはあなただけだから、どう感じるか、何をしたいかを知っているのもあなただけなんだよ」といったフレーズを試してみてください。きっとうまくいきます。

子どもの問いを尊重する

次に、質問について考えてみましょう。子どもから、親のほうが気まずくなるような、子どもには「まだ早い」と感じられるような質問をしてきたら、どうしたらいいのでしょう。「いつか、パパも死んじゃうの？」とか、「でもさ、どうやって赤ちゃんはお腹の中に入るの？　どこから？」といった質問です。

うまく核心を避けたり、はぐらかしたりするのは正直に話す姿勢とは言えません。わたしは、こう考えます。こうした質問をしてくるということは、答えを知る準備ができているということなのです。

親は最初のところを話したら、様子を見て、続きの説明が必要かどうか判断すればいいのです。どんな質問の仕方であっても、子どもが質問をするということは、知識がないということだけを意味するのではなく、何かに気づいていて、学ぶ準備ができているということを意味します。

質問をするには、基本的な知識と、好奇心が必要です。物理学者の友人が、わたしにこう言ったとします。「ベッキー、わたしは分子光解離反応の研究をしているの。すごく面白いんだよ！　質問があったら何でもきいて！」。わたしはぽかんとしてしまうでしょう。分子光解離反応について何も知らないのですから。だから、死について質問する子どもは、すでに死について考えています。妊娠について身体構造上の疑問を持っている子どもは、すでにどうやって子どもが生まれるかについてたくさん考えています。**質問をする子どもは、すでに自分の中にある感情や、考えや、イメージを一人で抱えこまずにすむように、答えを必要としています。**

知らないことは知らないと言う

親は、どうしても子どもの質問に対して答えられないときがあります――教えたくないからではなく、答えを知らないときです。**自分が知らないことについて子どもに知らないと話すのは、「正直に話す」という原則の一つの重要なバージョンです。**たとえば、新型コロナウイルス感染症が流行しはじめた頃、こんな声を聞きました。「自分でもどうなるかわからないから、子どもにすぐ終わるよと言って安心させてあげられません！」。親たちは、知識がないことを言い訳にして、ウイルスや生活の変化について、子どもたちに話さずにすまそうとしていました。ですが、子どもたちに必要なのは、未来について保証されることではありません。必要なのは、いまこのとき、支えられていると感じることです。

自分でもはっきりしたことがわからないとき、わたしはよく、「これがわたしの知らないこと、これがわたしの知っていること」という定型句を使います。ここでの「知っていること」の本質は、わたしが子どもに寄り添うことができると再確認することにあります。結局のところ、わたしたちがいつでも本当に知っていて、確かだと言えるのは、それだけなのではないでしょうか。

具体的には、こんな感じです。

「今日、病院で血をとられるから心配しているんだね。どれくらい時間がかかるか、どれくらい痛いかは、知らないんだ。ママ／パパが知っているのは、痛いけど、いつかは痛くなくなるってこと。ずっとそばにいるから、一緒にがんばろうね」

もっと深刻な例を見てみましょう。子どもに、おばあちゃんにがんが見つかったと伝えるとします。子どもは、「でも元気になるんでしょ？　治るんでしょ？」とききます。ここで、「知らないこと」について正直に話すとしたら、次のように言うことができます。

「いい質問だね。元気になってほしいよね。でも本当のところは……誰にもわからないの。おばあちゃんがよくなるか、誰も知らない。ママ／パパが知っているのは、たとえつらくても、あなたに本当のことを言うし、あなたがそのせいでどんな気持ちになっても、そばにいるってこと」

「どのように」に集中する

正直なコミュニケーションと言われると、「何」に悩んでしまいがちです。「おじいちゃんが亡くなったと知らせるのに、何て言ったらいいの？」「ホームレスについて説明するときに使うべきフレーズは何ですか？」「わたしの兄（子どもの伯父）は問題のある人間で、変わろうとしないから、絶縁しました。何て説明するのがいちばんよいですか？」などなど。

こうしたことを説明するのに、完璧なフレーズがあるはずもありません。むしろ、わたしたちがどのように話すかのほうが、具体的な言葉そのものより大きな影響を持ちます。話すペース、声色、間《ま》、子どもの反応をたしかめること、背中をなでること、「重要な質問だね」とか「このことについて話し合えてよかった」と伝えること。体の記憶にいちばん強く残るのは、愛情深い存在がそばにいて、自分の経験に注目してくれたということなのです。

つらい真実について話さなければならないときは、子どもに心の準備をさせることから始めるとよいでしょう。わたしはよく、家族にこう言います。「これから、みんなに、ショックを受けるかもしれない話をするね」。ゆっくりと、目を見ながら。それから、深呼吸をします。こうすることで、あなたの体を落ち着かせることができ、子どもにとっては、つらい出来事に際し、調整の力をあなたから「借りる」機会になります。

次に、遠まわしに言うのではなく、具体的な言葉で、何が起きているのかを説明します。「おじいちゃんが、今日、死んじゃったの。死ぬっていうのは、体がもう動かなくなるっていうことだよ」。ここで、「おじいちゃんは遠くに行った」とか「おじいちゃんは長い眠りについた」とは言わないようにします。

つらい真実を伝えたら、すこし時間を置いてください。それ以上の情報を与える前に、子どもの反応を確認しましょう。「このことについて話すのは、どんな気持ち?」とか、「悲しいと感じてもいいんだよ。ママ／パパも悲しい」と言うこともできます。子どもの背中に手を置いて、寄り添うような、あたたかいまなざしで見つめるだけでもいいでしょう。言葉であれ（「ぼく、悲しい」）、表情であれ（泣く、怒っているような顔をする）、子どもが感情を共有したら、そのことに心を留め、承認し、その気持ちを感じることを許可します。子どもから答えにくい質問がきたら、まずこう言います。

「すごく大切な質問だね。これから答えを言うね。聞くのがつらいかもしれないけど、話をしているあいだ、そばにいるからね」

ときには、答える前に、自分自身の気持ちを落ち着かせる必要があるかもしれません。

「それはすごく大事な質問で、きちんと答えたい。すこし時間をちょうだい。でも、あなたの質問に答えることはすごく大切なことだから、絶対にいつか答えるからね」

ここで鍵となるのは、**準備ができたら、子どもが同じ話題をもう一度持ち出さなくても、答えを伝える**ということです。そうしないと、子どもはさらに大きな恐怖を一人で抱えることになります。なぜなら、最初にその質問をしようと思ったときの感情と知識を持ったまま、放置されるからです。

最後に、お伝えしておきたいのは、親が泣いてもいい、ということです。自分の感情を自分のものとしてきちんと言葉にしましょう。そして、たとえ大きな感情を抱えているときでも、自分はそばにいると、子どもに繰り返し伝えましょう。なぜなら、誰も感情の影響から逃れることはできないからです。つらい気持ちを抱え、苦しみ、それでも乗り越える姿を子どもに見せることは、親が子どもに与えられる最良の教えなのです。

*1 D・B・スターン『未構成の経験：慣れ親しんだ混沌から創造的無秩序へ』（「現代の精神分析」19(1)、1983年、71～99）

10章 育児で自分を犠牲にしない

育児の要求水準が高い現代社会では、子どもを持つことは自分自身を犠牲にすることだという誤解がまかり通っています。でも現実には、**無私無欲の育児は、誰のためにもなりません。**親は、自分が満たされることなく、与えるばかりなので、疲れ果て、いらいらを募らせます。子どもは、親の疲れといらいらを感じとり、罪悪感、不安、心細さを覚えるようになります。

親にとってセルフケアが難しいのには、いくつもの理由があります。自分のわがままなのではないかと心配したり、子どもを成功させるために、自分の時間すべてを捧げなければいけないというプレッシャーを感じていたり。または、長く疲れる1日が終わって、ただ単に自分のことをする時間やエネルギーがなかったりします。副業や長時間残業をしている親や、信頼できる保育サービスを受けることのできない親にとっては、セルフケアなど夢のまた夢のように思えます。

自分を優先させることができたとしても、多くの親は罪悪感を覚えます。子どもが抗議すればなおさらです。たとえば、今日はお友達を家に呼ばないと決めたとき（これも小さなセルフケアです！）、子どもは信じられない！という顔でこう言うかもしれません。「ママ／パパが誰も家に入れたくないから、友達とうちで遊べないの？」。または、頭の中を整理するために散歩をすることに決めたとき、こう言うのが聞こえるかもしれません。「一人で散歩に行くの？　わたしと一緒にいたくないの？」。そして、自分が友人と出かけるときには、小さな罪悪感におそわれるかもしれません。「今夜は外にディナーをしに行くの？　ぼくを寝かしつけてくれないの⁉」。

ですが、どれだけ意外に思えても、**子どもは実際には、親がしっかりとした境界線を引いてセルフケアをしていることに安心を感じます。**親は、何といっても家庭のリーダーであり、子どもはリーダーに堂々と自信を持っていてほしいのです。

他人の欲求に気を配ることに慣れすぎてしまった

生まれつき、他者の欲求を満たすために自分の欲求を抑えつけるようにできている人はいません。もしあなたが、家族というシステムをまわすために自分を犠牲にする傾向があるなら、その価値観は、体がまだ回路を設定中だった幼少期にあなたに植えつけられたのです。ですから、もしセルフケアを優先することがうまくできないなら、自分を思いやることから始めてください。自分に、この真実を思い出させてください。「わたしが小さい頃、他人の欲求に気を配ることは、きっと適応のために必要なことだったんだ。そして、この気配りが、自分の欲求に合わせることより強くなりすぎてしまったんだ」。

わたしたちは、勇気を出して変化したり、新しいことを試したりする前に、まずはこれまでのパターンを尊重し、認めてあげなければなりません。

こうして自分にやさしく接したあとで、ようやく、自分と対話することができます。「わたしはこれから、新しいパターンを試してみる。自分のやりたいことや必要なことは何かを見つけて、それは価値のあるものだということを思い出す。何か新しいことをするとき、わたしの体はいつも落ち着かなくなる。この不快感は、わたしが子どもの頃に使わなかった、新しい回路を設定しているというサインだ。この不快感は変化が起きていることの証拠であって、わたしがまちがったことをしていることの証拠ではない」。

また、セルフケアは、TO DOリストに項目が一つ増えたと考えると、大変なことのような気がしてきてしまいます。「子どもとの関係を変えるためには、まず自分をすっかり変えるところから始めないといけないの？」。でも、ちょっと見方を変えるだけで、セルフケアは簡単に希望と力の源になります。「これはチャンス。わたしは自分の中にあるものを癒やして、同時に、自分が誇れるようなやり方で子どもを育てられるようになる。両方いっぺんにできるんだ」。

セルフケアのための5つの方法

1. 呼吸

呼吸が大事ということは、ほうぼうで散々聞かされていますよね。それでも、わたしはこのトピックを飛ばすことはできないし、みなさんにも、ぜひ飛ばさずに読んでもらいたいのです。なぜなら、深呼吸ほど落ち着くことはないからです。深呼吸とは、セルフケアの方法が全部しまってある部屋の扉を開ける、鍵のようなものだと思ってください。

深呼吸が効果的なのは、体が実行している数多くのプロセスを調整してくれるからです。その中には、ストレスレベルを下げるプロセスや、血圧を下げるプロセスも含まれます。

腹式呼吸は、体内のもっとも長くてもっとも複雑な神経である迷走神経を活性化します。迷走神経は、休憩と回復をつかさどる副交感神経系の主要な構成要素です。

簡単に言えば、腹式呼吸をすると、体を落ち着かせるプロセスを開始させる回路が作動するということです。体が調整を始めると、わたしたちはよい決断が下せるようになり、心地よいやり方で自分自身や他者と交流できるようになります。

やってみよう

わたしは「ホットココア呼吸法」というものを使っています。子どもにも教えているので、ぜひお子さんと練習してみてくださいね。

ステップ1 椅子に座る

足を組まないように。両方の足の裏を床につけ、背筋はまっすぐのばします。

ステップ2 目を閉じる

床の一点をぼんやり見つめてもいいです。よりリラックスできるほうで。

ステップ3 片手をお腹に、もう片方の手を胸に当てながら呼吸する(5~10回)

ホットココアのマグカップが目の前にあると想像してください。ココアの香りをかぐように、鼻からゆっくりと息を吸います。次に、上に乗ったマシュマロが吹き飛ばないように、口からゆっくり息を吐きます。ストローをくわえていると想像してもいいです。こうすることで、息を吐く時間を長くすることができます。

考えごとで気が散ってしまうのは、よくあることです。何かが頭に浮かんできたら、名前をつけて、心の中で呼びかけましょう。「こんにちは、悩みさん」、「こんにちは、不安さん」、「こんにちは、計画さん」。など。そして次の息を吸います。

2. 気づく、認める、許す

わたしたちの体は、自分が避けることを危険があることの証拠ととらえ、体内の警戒システムを作動させせます。不安や怒りや悲しみといった感情を追いやるために多くのエネルギーを割けば割くほど、これらの感情はより強くなってはね返ってくるのです。気づく、認める、許す。自己調整の秘密のレシピがあるとしたら、まさにこの3ステップです。

やってみよう

○気づく

あなたが感じていることに名前をつけましょう。「すごくしんどい！」「今日は散々な日だ！」「いま、不安を感じてる」「胸がしめつけられて、心臓がどきどきいっている」など。

○認める

名前をつけた感情がなぜ当然なのか、自分自身に語ります。

「わたしは疲れている。けんかしている二人の子どもの面倒を見ながら夕食を作って……すごくしんどい！」「上司には怒鳴られたし、友達にはディナーの約束をドタキャンされた。今日は散々な日だ!」「いろんなことが起きて、やるべきことがたくさんあって、タスクが多すぎて脳がキャパオーバー。体が不安を感じてるのも無理はない」など。

自分自身に、自分の衝動や経験は「当然だ」と思い出させることで、自分の体に対してもっとくつろいだ気持ちになることができます。

○許す

その感情を持っていいのだという許可を、自分にあげましょう。ばかばかしく聞こえるかもしれませんが、とても効果のあることなのです。声に出してでも、心の中ででもどちらでもいいので、自分にこう言ってみてください。「人生って大変だって思うのはすこしも悪いことじゃない」「わたしはいま感じている通りに感じていていいんだ」「いまは、育児が楽しくないと感じていてもいいんだ」。

3. 自分の欲求を満たし、同時に不快に耐える

これから、一つ実験をしてみましょう! できれば鏡の前で、次の文章を口に出して言ってみてください。体がどんな反応をするか、観察してみましょう。

「ほかの人に迷惑がかかっても、自分のために何かをすることは許される」

さて、あなたの体は、いま言ったことを受けいれようとしていますか、それとも拒絶しようとしていますか？　何らかの記憶がよみがえってきましたか？　この実験での目標はただ一つ、自分について知ることです。望ましい反応というものはありません。

たいていの人は、自分のために主張すること、同時に、その主張によって誰かに迷惑をかけることになるという事実に耐えることが苦手です。助けを求めることであったり、自分のために時間を使うことであったり、子どもの世話をパートナーに任せることだって、そうです。あまりに苦手なので、最終的に自分の要求を引っこめることだってよくあります。

「気にしないで、自分でやるから」「友達と出かけるのはまた今度にしようかな」「わかったわかった、明日の朝は、わたしが子どもたちと同じ時間に起きる」。こうしたせりふは、あるパターンの締めくくりに出てくることが多いようです。まず、あなたは自分のためにこうしたい、と考えます。次に、その考えをさりげなく伝えます。すると、相手が迷惑そうにします。結局、あなたは依頼を引っこめることになり、自分の欲求は満たされません。

そろそろ、このパターンを変えるときです。でも、そのためには、相手の不都合や不快は避けて通れないという事実を受けいれなくてはなりません。誰かをいつも幸せでいさせるのは、わたしたちの仕事ではないし、わたしたちの自己主張を応援するのは、誰かの仕事ではありません。わたしたちが相手に求めているのは、協力であって、心からの賛成ではないのです。そして、誰かが不快になるからといって、わたしが自分の欲求をかなえずに放置したままでいい理由にはなりません。

やってみよう

自分にこう言い聞かせます。

「わたしが自己主張をするとき、ほかの人には、いやな気分になる権利がある。だからといって、その人は悪い人ではないし、わたしが自分の決断を引っこめる必要はない」

このとき、テニスコートの片方に自分が、反対側にほかの誰かがいるところを想像してみましょう。ネットの向こう側にいるあの人が、わたしの球（決定）にどう反応するかは、その人の判断であって、わたしが決めることではないですよね。

4．一つだけ、自分のために

どうしてもセルフケアは難しい、という場合、何か一つ、自分のためにできることから始めてみてください。ここで大切なのは、ハードルを上げすぎないことです。いきなり、ジムの30分クラスに通いはじめたり、毎晩9時に寝ると決めたりしてはいけません。「これなら絶対できる」と思えることから始めましょう。セルフケアには、自分との約束を守ることも含まれます。たとえ、自分以外の人の面倒を見ることで精一杯の毎日を送っていても、です。

最初にとりかかるのにちょうどいい、小さなセルフケアの例と、自分に何かをしてほしいと言ってくる人にノーを伝えるせりふをリストアップしてみました。

やってみよう

【小さなセルフケアリスト】

○朝、コップ1杯の水を飲む
○2分間瞑想する
○熱いうちにコーヒーを飲む

○自分のためにちゃんとした朝食を作る
○心の落ち着く音楽を聴く
○本を数ページ読む
○思いきり泣く
○座って5回ホットココア法で深呼吸する
○チャイルドポーズ（ヨガ）で休憩する
○塗り絵をする
○友達と話す
○髪をブラッシングする
○日記をつける

【ノーを伝えるせりふ】

○「うーん……ちょっと都合が悪くて」
○「だめ、できない」
○「誘ってくれてありがとう。でも、いまは時間がないの」

○「いま、自分のことをしているから、2、3分待ってね」
○「いまは行けないの。待つのがつらいのはわかる。でも、きっとわたしが行くまで暇つぶしにできることがあるはずだよ」

5．修復する（自分と）

わたしは、読者のみなさんの多くが、負のサイクルを打ち破ろうとしていることを知っています。あなたは、家族における転換点です。

それでいて、みなさんが、怒鳴ってしまうこともあれば、「どうしてあんなこと言っちゃったの？　言いたくなかったのに！」と思うようなことを言ってしまうこともあるのも知っています。でも、大丈夫。感情的な反応や、疲れ切っていたときの態度や、いちばん最近の行動だけが、あなたではありません。あなたは、内側ではよい親であり、子どもに向き合うと同時に、自分自身を改善することもできます。

セルフケアには、修復（仲直り）がうまくなることも含まれます。わたしたちは、落ちこむような失敗やふるまいをしてしまった自分にも、寛容にならなければなりません。この本は、子どもとの関係修復について多くのページを割いていますが、誰かと仲直りするには、まず自分と仲直りするところから始める必要があります。

やってみよう

胸に手を置いて、自分に言ってあげましょう。

◯「悩んでもいい。失敗してもいい。知らないことがあってもいい。全部かんぺきにこなせなくてもいい。外側で問題を抱えていても……わたしは内側ではよい人間。内側ではよい人間なんだ」

◯「さっきの行動が、わたしのすべてじゃない。さっきの行動が、わたしという人間を決めるわけじゃない」

11章 つながり資本を蓄える

親が子どものことで悩んでいるとき、ほとんど必ず、問題は、子どもが自分の望むようなつながりを親とのあいだに持てていないというところにあります。

子どもには、感情の銀行口座があると想像してみてください。この銀行口座の通貨はつながりです。ある瞬間に子どもがとる行動は、この口座の残高が多いか少ないかを反映しています。前にも、この「つながり資本」の考え方についてふれましたね。わたしたちが子どもとのあいだに本物のつながりを築き、子どもの体験に目を向け、感情を持つことを許し、子どもにとって何が起きているかを理解しようと努力するとき、つながり資本が築かれます。

お互いに冷静なときが貯めどき

健全な量のつながり資本を持つことで、子どもは自信を持ち、自分ならやれると思い、安心し、自分に価値を感じることができます。そして、内側にこれらのプラスの感情を持つことが、外側の「よい」行動につながります。協力、柔軟性、そして調整といった行動です。ですから、プラスの変化を起こすためには、まずつながりを築く必要があり、そうすることで、子どもはよりよい感情を持つことになり、結果としてよい行動をするようになります。ただし、行動は最後に来ることを忘れないでください。行動をとっかかりにすることはできません。つながりから始めなければならないのです。

また、つながり資本には二方向の流れがあるということを覚えておくことも重要です。銀行口座のように、わたしたちは日常的につながり口座から引き出しています。親がつながり資本を使うのは、「もう帰らなきゃ」とか「テレビはもうおしまい」と言うときです。**親は、多くのつながり資本を消費します。子どもにやりたくないことをやるようにお願いしたり、ルールを守りたくないときに守らせたりすることが多いからです。**このことは、親は多くのつながり資本を築く必要があることを意味しています。**資本が底をつかないように、たくさん蓄えておかなければなりません。**

これから紹介する7つの方法は、冷静なときに使うことを前提に考案されたものです。

けんかの真っ最中には、わたしたちの体はうまく何かを学ぶことはできません。子どもとの関係性を改善し、新しいスキルを身につけ、変化の道筋を探るには、冷静なときにするのがいちばんです。

シンプルすぎて、「理想の家族」でしか成立しない方法のように思えるかもしれません——でも、わたしは、誰にでも何かしら役立つところがあると考えています。

つながり資本を蓄える5つの方法

1．PNP（プレイ・ノー・フォン）タイム

PNP（プレイ・ノー・フォン）は、文字通り、スマートフォンを使わないで遊ぶ時間のことです。これを思いついたのは、子どもの相手をしようとするとき、手の届くところにスマホがあるとどうしても気が散ってしまうことに気づいたからです。スマホをさわっちゃだめと自分に言い聞かせて、ボードゲームやブロックで遊ぼうとしても……スマホの誘惑はあまりに強力です。

子どもが何より欲しているのは、親からの100％の注目です。 親からの注目は、子

どもにとって、自分が安全であること、重要であること、価値があること、愛されていることを伝えてくれるものです。わたしはテクノロジーや、デバイスを使うことに反対というわけではありません。わたしが提案しているのは、子どもに対してだけでなく、自分に対しても、デバイスの周りに境界線を引くことです。それは、子どもに１００％注目できるように自分を手助けするために必要なことです。24時間やれと言っているのではありません。ですが、時間を作る必要は絶対にあります。

全力で子どもと一緒に過ごすことは、つながり資本を築く上でいちばん有効な方法です。大切なのは、スマホから離れることを、積極的に宣言することです。そうすることで、子どもに、スマホに注意を奪われがちだと自覚していることが伝わります。また、子どもに、自分はちゃんと見てもらっている、自分は特別だと思わせることができます。

ＰＮＰに必要なのは、たった10〜15分です。目標は、子どもの世界に入っていくことです。ＰＮＰタイムのあいだは、子どもに遊びを主導させ、親は主導するのではなく、観察し、気づきを得ようとしてください。あなたが子どもの世界にいる、ということがいちばん重要です。

やってみよう

ステップ1　これは特別な時間なんだと思えるような名前をつける

うちでＰＮＰタイムと呼んでいるのは、わたし自身が語呂がよい頭文字が好きなのと、ちょっとふざけた感じのネーミングを、子どもたちがとても気に入っているからです。もちろん、ほかの名前をつけていただいてかまいません。

ステップ2　時間を決める（目安は10～15分）

ステップ3　気が散る原因になるものがない状態にする

スマホやタブレットなど画面のあるものもなく、ほかのきょうだいもいない状態にしてからＰＮＰタイムを始めましょう。

「ＰＮＰタイムを始めよう！　ママ／パパは、あっちの部屋にスマホを置いてくるね。そうすれば、あなただけに本当に集中できるからね」

ステップ4　子どもに何をして遊びたいか選ばせる

子ども自身が選ぶのが大事なポイントです。「一緒に何をするか、あなたが選んでいいよ！」

ステップ5　説明する・まねする・反復する

子どもにスポットライトを浴びせます。あなたの仕事は、子どもがしていることを説明する、まねする、反復するだけです。

○説明する

「タワーを作ってるんだね」「赤いクレヨンで塗っているんだね」など、子どもがやっていることをそのまま言葉にします。

○まねする

子どもが花の絵を描いていたら、自分も紙を持ってきて、隣に座り、花を描きます。言葉で何か言う必要はありません。子どものまねをするとき、あなたは子どもに、１００％注目していることを伝えています。

○反復する

子どもが「トラックで遊びたい！」と言ったら、「トラックで遊びたいんだね！」と返します。子どもが「ブタさんはおうちに帰りたいんだって」と言ったら、「へえ、ブタさんはおうちに帰りたいんだ」と返します。

PNPタイムは子どもの世界に集中する時間です。なるべく質問せずに、子どものアイデアに参加してみましょう。ちょっと変な感じがしても、大丈夫！　ほとんどの親は、こうして子どもとかかわることに慣れていません。といってもなんだか居心地が悪くて15分も続けられないときは？　10分でも、5分でも……いや2分でもいいから試してみてください。

2．充電ゲーム

わたしがこのゲームを発明したのは、長男が末っ子の誕生で赤ちゃん返りをしていたときです。それからずっと、このゲームを使っています。息子は、意地を張ったり、すぐ怒ったりしていました。どれも、わたしに一緒にいたくないと思わせるような態度です。

息子は、5人家族になるという変化への不安で、感情の銀行口座をほとんど空っぽにしてしまっていました。つながり資本への補充を必要としていましたが、まさにその瞬間、母親であるわたしを問題行動によって遠ざけてしまっていたのです。

息子が扱いにくい態度をとったら、感情的に反応するのではなく、深呼吸をして、ゆっくり、あたたかく声をかけました。「ママが足りていないって伝えようとしているんだね」。

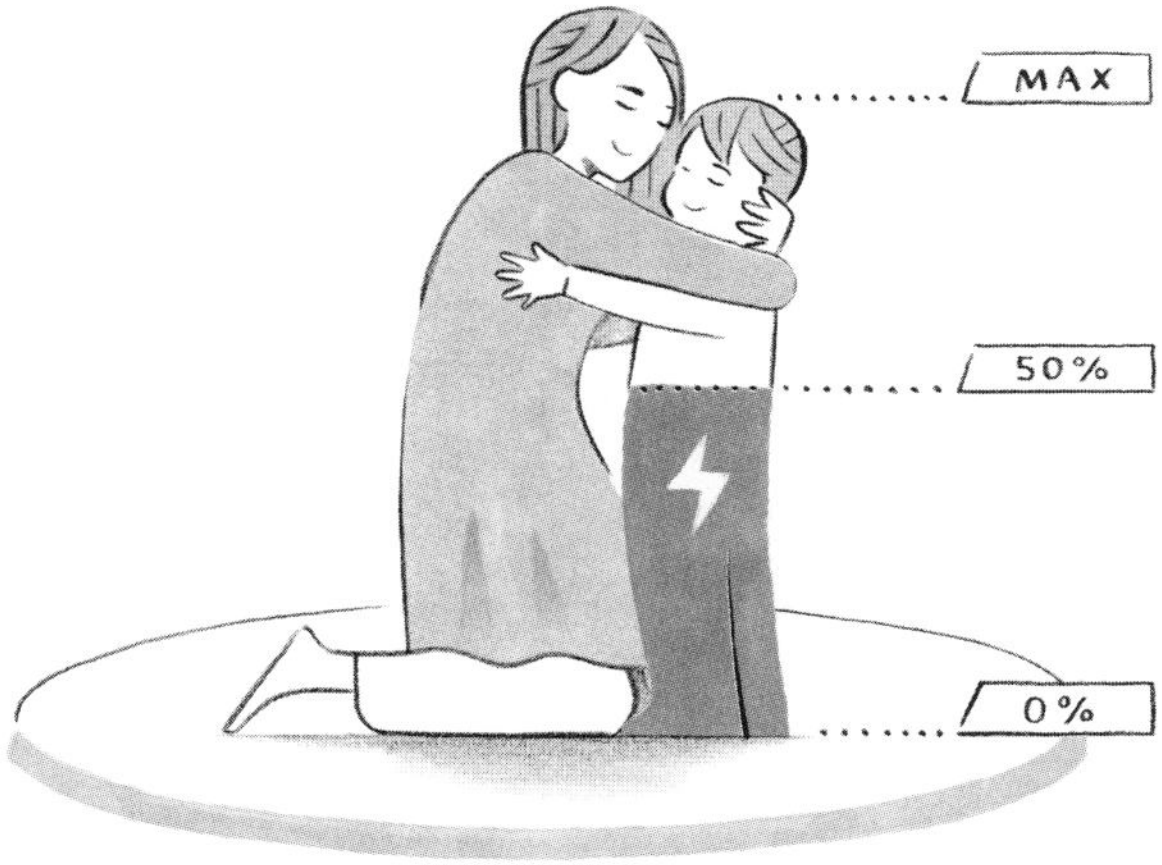

わたしが柔らかな態度で接することで、息子の態度も柔らかくなりました。そしてよく、「うん……これくらいになっちゃった」と言って、自分の脚のどこかを指さしました。そんなとき、わたしは息子をぎゅっと抱きしめました。何度も何度も、「ママの充電レベル」が回復して、息子の頭の上に達するまで。これが充電ゲームのはじまりです。

行動は改善したかって？　いいえ。すぐに改善したわけではありません。この「ゲーム」をしたことで、すぐに効き目が出たわけではありませんでしたが、まちがいなく、きっかけにはなりましたし、最初のステップでした。

もし今後、あなたが逃げだしてしまいたく

なるような行動を子どもがとったら、充電ゲームを試してみてください。ママ／パパのフル充電が必要なんじゃない？と提案してみてください。ふざけながら、笑えるように言うのがポイントです。

やってみよう

ステップ1　充電を心配する

「ママ／パパの充電が足りていないんじゃない？　ママ／パパが足首までしかないよ！充電しなきゃ！」

ステップ2　子どもをしばらく強く抱きしめる

ステップ3　充電の具合を確認する

「どう？　えー!?　まだひざなの？　オッケー、もう1回……」

ステップ4　もう一度子どもを抱きしめる

全力を出しているとわかるように、しかめ面をしてもいいです。

ステップ5　ふたたび充電の具合を確認する

「どう？　まだお腹？　じゃあ、もう1回やるね……」

ステップ6　もう一度ぎゅっと抱きしめる

あなたが、または子どもが満タンになったと感じたら、もう一度抱きしめてこう言いましょう。「念のため、もうすこしだけ充電しておくね。最近、いつもとちがうことが多くて大変だから、ママ／パパをちょっと多めにしておいたほうがいいと思うんだ」。

【充電ゲームのタイミング】

○子どもが朝起きたとき、1日のスタートとして
○子どもと離れるときは、いつでも
○あなたが仕事を始める前に
○困ったことになりそうなときに（たとえば、妹におもちゃを貸してあげなさいと言うとき、難しいパズルを始めるとき）
○問題行動があったときに

3．感情ワクチン

感情ワクチンは、病気のワクチンとまさに同じ働きをします。わたしたちの体に免疫を

作って、将来つらいことがあっても対処しやすくしてくれるのです。繰り返しますが、困難に立ち向かうには、人は自分の感情をねじ曲げたり避けたりするのではなく、感情を調整する力を身につける必要があります。

もしあなたの子どもが、テレビやゲームを決められた時間で終えることが難しい場合、ある日突然喜んで時間を守るようになったりはしません。もしあなたの子どもが、ボードゲームやスポーツで潔く負けを認めることが難しい場合、ある日突然、「ただのゲーム／試合だから」と勝ち負けにこだわらず堂々と言えるような態度を身につけたりもしません。そうではなく、子どもは自分の感情を認識し、その価値を認め、許容するようになり、そのことによって、感情の調整を身につけていくのです。

感情の調整を目標とするとき、繰り返し発生する困難に立ち向かう子どものために、わたしたちができることは、前もって準備させておくことです。大きな感情が生じる瞬間が訪れる前に、承認、共感、予想によって、子どもの「感情調整抗体」を作っておきます。これが感情ワクチンです。

やってみよう

「感情ワクチン＝承認＋共感＋予想」

この公式を、子どもにとって難しいことが起きる前に実行します。実際に、どんなふうに言うことができるかを見てみましょう。

状況 iPadやスマホの時間の終わりに備える

親「動画を見る前に、動画の時間が終わったら、どんな気持ちになるか考えておこう。大好きなことをやめるのはすごく難しいことだよね。ママ／パパだってそうだよ」

↓ 承認・共感

子「いいから早く再生してくれない？」

親「もうすこしだけ待ってね。いまのうちに深呼吸して、動画を見終わったときのために体を準備させておこうね」（ここですこし間を空ける）

「それから……体を慣らしておくために、動画の時間が終わったときの文句をいまのうちに言っておこうか」

（明るい、けれどばかにした感じではない声で）「あと5分！ 友達はもっと見させてもらってるのに！ いいところだったのに……お願いお願い……ママ／パパはぼくのやりたいこ

とをぜんぜんやらせてくれない！」↓ 予想

状況 難しい宿題に備える

親「宿題のことだけど、おとなしく座って作文を書くのはしんどいよね。ママ／パパにもわかるよ。ママ／パパも子どものとき、作文は難しいし、めんどくさいっていつも思ってたんだ」↓ 承認・共感

子「そうなんだ」

親「こうしたらどうだろう。いま、一緒に深呼吸しよう。本で読んだんだけど、これから嫌なことがあるぞって自分に話しておくと、すこし楽に乗り切れるんだってさ」「作文を始めたら、いらいらするかもしれない。それでもいいよ！　いまのうちに深呼吸しておこう。作文が難しいと感じるのは悪いことじゃないし、ぼくは／わたしは難しいこともやりとげられる！」↓ 予想

深呼吸の誘いに子どもが乗ってこなくてもかまいません。手を胸に置いて、目線を落とすか目を閉じて伝えましょう。

4. 感情のベンチ

感情について、一つわかっているのは、感情が恐ろしいのは、一人で向き合わなければならないときだけ、ということです。もし誰かが、「ねえ、いま、悲しい（怖い／腹が立つ／さびしい）気持ちでしょう。大丈夫だよ。わたしがここにいるから。話してみて」と言ってくれたら、感情に飲みこまれることなく、安心することができます。

ネガティブな感情を抱くことについて、ベンチで想像してみましょう。怒りのベンチ、落胆のベンチ、誰もぼくのことを好きじゃないベンチ、いろんなベンチがありますが、そうしたベンチに座っているとき、子どもが（大人も）欲しているのは、隣に座ってくれる人なのです。

あなたの息子が、「弟なんていなければよかった、いつもぼくのものをめちゃくちゃにするんだ！」と言ったら、分け合うのは難しいベンチに座っているところを想像してみてください。一緒に座ってあげましょう。境界線を設定することも必要かもしれませんが、それでも一緒に座ることはできます。「分け合うのは難しいって考えているんだね。わかるよ。弟をたたくのは許さない。でも、好きなだけ怒っていいんだよ。ママ／パパがついているからね」。

やってみよう

子どもの感情を変えさせようとするのではなく、あなたがそばにいる（＝一緒に座る）ということを示してあげてください。

【そばにいることを示す声かけ例】

○「それはとってもつらいね」
○「話してくれてありがとう」
○「あなたの言うこと、信じるよ」
○「すごく悲しいんだね。悲しんでもいいんだよ」
○「ママ／パパがここにいるよ。このことについて話せてよかった」
○「ママ／パパはあなたが大好き。どんな感情を抱えていても、どんなことが起きていても、あなたのことが大好きだよ」

【そばにいることを示す行動例】

○子どもとソファやベッドに座って話す

◯なるべく言葉は少なめに。うなずいて、共感を表情で示す
◯怒ったり落ちこんだりしているときにハグをする
◯一緒に深呼吸する

5．遊び心

ときに、育児はとても深刻で難しいものに思えます。1日中朝から晩まで時間に追われていて、子どもとの関係が、いらいらして、怒りっぽく、楽しめないものになるのも無理はありません。**わたしはこの仕事をしていて、多くの家庭に欠けているのは、遊び心だと感じています。**言い換えれば、おふざけ、ばかばかしさ、楽しいことです。

遊び心は、つながり資本を築く上で大活躍します。笑うことで、コルチゾールやアドレナリンといったストレスホルモンが減少する一方、抗体や免疫細胞が増加します。つまり、笑いは、かなり真面目に考えるべきものなのです。笑ったりリラックスしたりするたびに、わたしたちの体は健康に近づくのです。また、人は、危険や脅威を感じているときに笑うことはできません。ですから、笑いは子どもたちに、「ここはあなたの安心できる家だよ」と伝えるのです。

遊び心を発揮するのが得意な親もいれば、そうでない親もいるでしょう。もしあなたが、自然に発揮できるタイプなら、この「遊び心」の項目は飛ばしていただいてけっこうです。逆に、子どもとふざけることが自然にできなかったり、気まずく感じたりするようなら、ここですこし時間をとって、最初のステップは自意識だということを思い出しましょう。どんな親も、育児において何らかの苦手要素を持っています。それは、お手本にふれてこなかったからかもしれません。子どもの頃ふざけたかったときに、親にそれを無視されたり、「恥ずかしいからやめなさい」などと止められたりして、自分の遊び心から距離をとることを学習したのでしょう。あなたの遊び心は確かに存在していますが、ただ声をひそめて、臆病になって（無理もないことですが）隠れているだけなのです。

遊び心を発揮するためのアイデアに決まったものはありません。歌を作る、家族でカラオケ、ごっこ遊び、秘密基地を作る……何でもいいのです。**子どもが笑っていて、あなたが結果や成果をまったく気にしていないなら、うまくできているということです。**参考までに、わたしがクライアントに提案しているアイデアもいくつか紹介します。

やってみよう

◯おふざけオーディション

家族が一人ずつ前に出て、何かふざけた動きをします。みんな驚いた顔で見守り、出演者がおじぎをしたらできるだけ大きな拍手をします。もし、見ているだけがいいという子どもがいたら、それでもかまいません。無理強いしないようにしましょう（このアイデアを考えてくれた、うちのベビーシッターのジョーダンに感謝！）。

◯最初の反応に遊び心をこめる

子どもがマナーを守らないとき、言うことを聞かないとき、だだをこねているときにかける一言目は重要です。

「あれ、『ありがとう』がまたどこかに行っちゃったぞ！　えっと、どこかな……あった、あった、見つけたよ！　ソファの下だ！　いま体の中に戻してやるからな。ほら！　これでよし。よかった！」

◯自分に質問してみる

「自分が子どものとき、どんな遊びが好きだった？」

一度、クライアントで、子どもと遊ぶのがどうしても苦手だというお父さんに会ったことがあります。このお父さんは、自分が子どもの頃『クロスファイア』というゲームをしていたことを思い出し、オンラインで注文して子どもたちと遊びはじめました。これが、遊び心を通じてつながることの第一歩です。

6.「そういえば、こんなことがあってね……」

親子関係がいちばん難しくなるのは、たいてい、問題行動の負のサイクルに陥ってしまったときです。子どもはかんしゃくを起こし、親は感情的に反応し、「どうしていっつもそうなの？」などと怒鳴ります。すると子どもはシャットダウンし、何も話さなくなり、親はどうしていいかわからなくなってしまいます。

この負のサイクルにはまってしまったとき、問題は、直接取り扱うには「熱すぎる」状態になっています。わたしたちは問題に正面から向き合うのではなく、遠まわりするような方法を見つけなくてはなりません。

そんなときに使えるのが、「そういえば、こんなことがあってね……」のアプローチです。子どもが抱えている問題に、親が個人的な視点で共感することによって、そのときの子どもには受けとめきれない問題そのものには直接ふれることなく、子どもとつながりを築くことができます。

子どもと同じように悩んだときの話を共有するとき、親は本質的には、こう伝えています。「あなたは、内側ではよい子どもで、ただ、いまはつらい思いをしているだけ。わたしは、あなたの行動の裏に、あなたのよい部分が見える。なぜなら、わたしもよい人間だけど、同じことで悩んだことがあるから」。

このせりふを、そのまま口に出してその場で言うことはできません。とても強いメッセージなので、子どもに拒絶されてしまうからです。でも、自分の話として語ることで、同じメッセージを伝えることができます。

さらに、子どもに自分の弱さを見せることによって、深くつながることができます。**つい忘れてしまいそうになりますが、子どもは、親のことを完全無欠だと思っているものです。**実際、子どもが苦労することも、大人は平気でやってのけてしまいます。上着を着る、靴ひもを結ぶといった単純なことから、算数の問題や車の運転といった複雑なことまで。悩み苦しむ子どもの世界と、何でもできる親の世界との開きは、子どもの目には恐ろしいほど大きく映るもので、（そのつもりはなくても）子どもに恥じる気持ちを抱かせます。

完全無欠だと思っていた人が、自分がつまずくところを見せてくれるとき、それは言葉にせずにこう言っているのと同じです。「失敗は、学びの一部。よい人間であるということは、まったく悩んだり問題を起こしたりしないということではない。二つの真実がある。あなたはよい子どもで、同時につまずくこともあるということ……わたしと同じように」。こう言われたら、すごくほっとしますよね。これこそ、子どもたちにも伝えたいことです。

やってみよう

ステップ1 子どもの悩みの本質を特定する

ほかの子の成功を素直に喜べないのかな？　算数が難しくていらいらするとあきらめてしまうのかな？

ステップ2 自分の経験を思い出す

問題を自分のものとして引き受けます。最近、または自分が子どもだった頃、同じようなことで悩んだときのことを思い出してみてください。

ステップ3 自分の話を語る

子どもが落ち着いているときに、おだやかな状況で、「そういえば、こんなことがあってね……」と話しはじめ、同じ問題を抱えていたときの自分の話を語ります。

この話に子どもが興味を持てるようにします。理想的には、すぐには解決できなかったけれど、苦労してなんとか切り抜けたときの話を選ぶとよいでしょう。

ステップ4　何も付け加えずに終える

話の最後に、子どもとあからさまに結びつけるようなことはしないでください。「あなたが……したときと同じだよね」などと説明する必要はありません。あなたの話や出来事はそのまま伝えて、つながりを必要としていた子どもの部分に届くと信じましょう。

7．結末を変える

子どもに怒鳴ったり、感情的になったり、八つ当たりしたり、レッテル貼りをしたり……誰でもあります。それは、わたしたちが悪い親だからではなく、わたしたちがふつうの人間だからです。

では、子どもにひどい態度をとってしまったら、どうしたらいいのでしょう？　修復です。5章にもあるように、修復によって、わたしたちはストーリーの結末を変えることができます。子どもは、怖くてひとりぼっちだと感じたという記憶を書きこむ代わりに（子どもが口に出さなくても、記憶は体に保存されます）、親が戻ってきてまた安心させてくれたという記憶を持つことができます。これはとても大切なことです。

修復は謝罪よりももっと深いものです。謝罪をするとき、人は往々にして会話を終わらせようとしがちです。「怒鳴ってごめんね」には「はい、これでいいよね？」の気持ちが含まれていることがあるでしょう。ですが、よい修復とは、相手に心を開くことです。なぜなら、誰かが傷つき、誤解され、ひとりぼっちになったと感じたあとで、親密な関係を再構築しようとするからです。「ごめんね」という言葉は修復の一部ではあるかもしれませんが、それだけでは修復と同じ効果は得られないのです。

やってみよう

ステップ1　内省していたことを共有する

「さっきのことについて考えていたんだけど……」

ステップ2　相手の感情や経験を認識する

「怒っていたから……したんだよね」「ママ／パパが……して怖かったよね」など

ステップ3　次からはどのように行動を変えるかを宣言する

「あなたにどんなことがあって、どんな気持ちだったのか、もっと聞けばよかったね」

ステップ4　お互いに安心できたところで、好奇心を通じて相手とつながる

「何があったのか教えてくれる？　大切なことだから、あなたから聞いて、理解したいんだ」

自分とのあいだに起きたことを、相手が内省してくれて、自分の感情や経験を認識してくれるとき、それは、相手が自分の表面的な行動だけでなく、心の状態について考えてくれていることを意味します。繰り返しますが、わたしたちは、行動の裏にある感情に目を向けることによって、感情を認識し調整するためのスタートラインに子どもを立たせることができます。ですから、結末を変えることには、子どもとの関係性を強化するだけでなく、子どもの調整スキルを養う効果もあるのです。まさに、努力が実るというわけです！

次に、もっとちがうふるまいをすればよかったと思っていると伝えることは、自分の行動について真剣にとらえていると伝えることでもあります。すでにやってしまったことだけでなく、今後の変化についても責任を負うと表明しているのです。そして、ひどい態度をとったときの相手の経験に対して、勇気を出して好奇心を示すとき、わたしたちは親密

さを築きます。なぜなら、謝罪しても相手の痛みは取り消せないと認めることは、自分のプライドや罪悪感の解消より、相手の感情や現実を大切にしているというシグナルを送ることと同じだからです。また、わたしたちは相手についてより多くを知ることができ、真実を知ろうとすることで関係を深めることができます。

この4ステップは、必ずしも四つでワンセットではありません。場合によりけりで、どれか一つだけでも成立します。わたしの場合、「怒鳴ってごめんね（内省）」とか、「せっかく質問してくれたのに、ママがきついことを言ったから、きっといやな気持ちになったよね……わかるよ。ごめんね、大好きだよ（内省と認識）」とだけ言うこともあります。ですから、みなさんがよいと思う方法で修復すればＯＫです。短いときもあれば、長いときもあるでしょう。

大切なのは、責任を自分で引き受けて、**親にある感情が生じたことを子どもの責任にしない**ことです。子どもは、一人でつらい感情を抱えこんでいるとき、自己嫌悪（「ぼくは悪い子だ」）や自己不信（「ぼくが大げさに反応しただけ？　怒鳴られたわけじゃなかったのかな？　こういう扱いを受けるのはふつうのことなのかな？」）に陥りがちです。修復をすることで、子どもたちがこのような考えを当たり前だと思うのを防ぎ、世界は安全だという感覚や自信を守ることができます。修復は、孤独をつながりで置き換えます。これほどお得な交換はほかにありません。

第 2 部

こんなとき、どうしたらいい？

12章 ぜんぜん言うことを聞かない

こんなとき

二人の子どもを持つお母さんのソーニャは、自分の言うことをことごとく無視して、何も言う通りにしない息子のフェリックスに腹が立ってたまりません。よくないと思っていても、どうしてもつい怒鳴ってしまいます。

相手に協力したいと思える状態かどうかという視点

わたしたちが、「子どもが言うことを聞かない」というとき、実際には、聞こえているかいないかを問題にしているのではありません。ソーニャのような状況で、わたしたちが本当の意味で問題にしているのは、協力です。「言うことを聞かない」という言葉の本当の意味は、「子どもにやりたくないことをやらせたいときに協力してくれない」なのです。

では、わたしたち大人は、意に沿わないことをやってほしいと頼まれたら、どうするでしょう？　それは、その瞬間に、頼んでいる相手とのあいだにどれくらい親しさを感じているかによりますよね。もし、わたしが結婚生活にとても満足していて、夫から仕事帰りに買い物を頼まれたら、喜んで引き受けるでしょう。でも、夫の態度に不満が募っているときだったら、協力したい気持ちになれないでしょう。

誰かとつながっているという感じが大きいほど、その誰かのリクエストに応えたいと思うものです。相手の言うことを聞くか聞かないかは、本質的には、ある瞬間における人間関係の強度のバロメーターなのです。ですから、**子どもたちが言うことを聞かないときに大切なのは、そのことを、子どもの問題としてではなく、関係性の問題としてとらえることです。**子どもがあなたを無視するときや、何かを頼んでもまったく協力してくれないとき、それは親子関係にもうすこし愛情を注入する必要があるという意味です。

ただし、このことはあなたの育児に対する成績表ではありません。あなたはダメな親ではないし、あなたの子どもはダメな子ではないし、親子関係はだめになっていません。どんな親子関係も、ときには、いつもより多めの愛情や思いやりを必要とします。

怒鳴るのは逆効果

言うことを聞かないという問題には、もう一つの要素があります。うちの息子が、以前このことをぴたりと言い当てました。

「親っていつも、子どもに楽しいことをやめさせて、あんまり楽しくないことをさせようとするよね。だから子どもは言うことを聞かないんだよ」

息子の言う通りだと思います。せっかくブロックで遊んでいるのにお風呂に入らせようとしたり、チョコチップパンケーキを食べているのに靴を履かせて登園させようとしたり、テレビを見ているのに消させようとしたり。親が子どもにやりなさいと言うのは、だいたい、やりたくないけれど「やらなければいけないこと」です。**親にとっては最優先事項でも、子どもにとってはそうではありません。**

こうした状況で、なかなか協力できないのも無理のないことです。だからといって、子どもにお願いをするのは避けるべきだということではありません。子どもにやりたくないことをするよう頼む場面は、これからも必ず発生するでしょう。肝心なのは、そのお願いを伝える手順と、伝え方です。

たとえば、怒鳴ることは、協力を得るのに効果的な手段とは言えません。むしろ、逆効果です。親が怒鳴ると、子どもの体は脅威モードに入ります。親の攻撃的な声色、声の大きさ、ボディランゲージから危険を察知し、言われていることの内容を理解することもできなくなります。なぜなら、その瞬間をサバイバルすることに全エネルギーを注いでいるからです。

子どもが協力してくれないときに、いらいらして、「ねえ、聞こえてるの!?」なんて叫んだことはありませんか。実は、そのとき、子どもは「聞こえていない」のです。それは、相手を尊重していないとか、反抗しているということではなく、体が動物的な防衛フリーズ状態に入っているからです。

でも、わたしたちは子どもを怖がらせたいわけではないし、協力が必要なまさにそのときにフリーズされたら困りますよね。何かをお願いするときは、つながり、尊敬、遊び心、信頼をこめることで、けんかのようだったやりとりから、協力が生まれるようになります。

どうしたらいい？

声に出して認めてからお願いする

子どもに言うことを聞いてもらう上で、いちばん重要なポイントは、親の都合で何かをしてほしいとお願いする前に、子どもの都合を認めることです。

子どもは、遊びをやめて、親が優先したいお願いどおりにする前に、自分を見てもらっていると感じる必要があります。見てもらっているという感覚は、親しみを感じる上でとても効果的なツールであり、協力するモチベーションになります。

あなたのことを見ているよというメッセージを伝えるには、子どもがそのときにしていることを言葉に出して認めるのがいちばんです。

○「わあ、すごいタワー。がんばったね。途中でやめてお風呂に入るなんていやだよね。でも、いま、ささっとお風呂に入ったら、寝る前にもっとブロックで遊ぶ時間ができるよ」

○「お友達とさよならするのはつらいよね。マティアスくんと遊べて、すごく楽しかったもんね。今日はもう帰らないといけないけど、またすぐ一緒に遊べるように、マティアスくんのママと相談するね」

子どもに選ばせる

これは「声に出して認めてからお願いする」と組み合わせて使うと絶大な効果を発揮します。子どもに主体的に選ばせると、協力が得られやすくなります。誰だって、誰かの言いなりになるのはいやなものです。

この方法は、どの年齢の子どもにも使うことができます。子どもが選んでも親として大丈夫な選択肢だけを提示し、一度選んだら、その選択肢を守ると信頼していることを伝えてください。

◯「いまアビーとさよならして家に帰るか、もう1回だけトランプをするか、選んでいいよ……もう1回トランプする？　わかった。選んだ通り、1回トランプしたら帰ると信じているから、そうしてもかまわないよ」

◯「いまお皿を洗ってもいいし、シャワーを浴びてからでもいいよ……シャワーを浴びてからにする？　わかった。信じてる。そうしよう」

ユーモアを加える

ユーモアは、物の見方を変えるきっかけになります。いらいらするかわりに遊び心をこめることができれば、親のお願いごとを、子どもが大好きな世界の一部にすることができます。ふざけていて、楽しくて、笑いがいっぱいの世界です。正直に言えば、大人だって、そんな世界にいたいですよね。

◯「あれあれ……言うことの聞ける耳がどこかに行っちゃったね！　ちょっと待って、見つかったよ。びっくり……植木鉢の中にあった！　どうしてこんなところに入っちゃったんだろう！　花が咲く前に、あなたの体にくっつけないと！」

◯「わかるよ……親の言うことを聞くのって、すごくめんどくさいよね！　ぐるぐるまわって踊りながら話をしようか？　そうしたら、もっと面白い？」

目を閉じる

これは、尊敬、信頼、自立、抑制、遊び心を全部、一気に注入する凄技です。

まず「これから、ママ／パパは目を閉じるね」と言って、両手で自分の目を覆ってください。そして、目を開けたときにできていてほしいことを、ワクワクしすぎているくらいに伝えます。

「目を開けたときに、靴を履いている子がいたらどうしよう……ちゃんと面ファスナーも閉めている子どもがいたらどうしよう！　すっごくびっくりしちゃう！　びっくりしすぎて――どうしようどうしよう――くねくねおかしなダンスをして、床に倒れちゃうかも！」

そこで間を置いて、しばらく待ってください。

これで、あなたの子どもが走っていって自分で靴を履く可能性は飛躍的に高まりました。どうしてかって？　なぜなら、いま、この場の支配権を握っているのは、子どものほうだからです。支配されているのではなく、支配していると感じています。そして、あなたが自分を信頼していることも感じています。あなたが子どもを見張っていないからです（指のあいだからのぞき見しているとしても）。それに、あなたはばかげたことをすると約束して、おふざけまで追加しています。奇妙なダンスをして床に転がる親の変な姿を見たいと思わない子どもがいるでしょうか。

この方法は、幼い子にしか効かないと思われるかもしれませんが、**多くの相談者が、7～8歳の子どもにも通用するだけでなく、子どものほうからやってほしがるということを、とても驚いた様子で報告してきます。**

10代に入ってさすがに子どもじみすぎてしまうと感じてきたら、基本的なところだけ採用してアレンジしてみてください。口調は穏やかに、目を閉じる代わりにその場から離れる、やりすぎない遊び心を加える、といった具合です。

「まだ部屋を掃除してないんだね……うーん、よし、ママ／パパは夕食の準備をしてくる。あなたは下りてくる前に、服を片づける約束を守るって信じてるよ。部屋がきれいになったら、1曲歌っちゃうかもね！」

役割交代ゲーム

いますぐ協力が必要な場面でなくても、今後協力してもらえる可能性を高めるために、やっておけることがあります。その方法の一つが役割交代ゲームです。ずばり、ママ／パパが言うことを聞くゲームです。こんなふうに始めます。

「子どもって大変だよね。親にいつもいろんなことをお願いされて！　だから、ゲームをしよう。これから5分間は、あなたが大人で、ママ／パパが子どもだよ。危ないこと以外は、何でもあなたの言った通りにする」

ただし、食べ物やプレゼントは例外だと説明してください（ポケモンカードを100パック買ってとか、スキットルズのキャンディを30袋ちょうだい、というのはだめです）。

ゲームをしているあいだ、「親」の言うことを聞くのがどんなに大変か、大げさに表現してみてください。「えーーーっ！　ほんとに？　パズルを片づけなきゃいけないの？　いやだな〜〜〜」とか、「はあ、いますぐシャワーを浴びるなんてやだ！」とか。

役割を逆にすることで、子どもに力のある大人の立場を体験させ、子どもでいることの大変さに共感していることを伝えます。こうして、自分は自立している、信頼されている、支配権を握っていると子どもが感じるほど、子どもは自分から進んでお願いを聞いてくれるようになります。わたしは、このゲームは親のためにもなると感じます。自分がしたくないことを命令されるのがどんなに大変なことか、思い出させてくれるからです。

13章

すぐ泣く、すぐ叫ぶ、すぐ寝転がる

こんなとき

3歳のエズラは、キッチンに入ってくると、お母さんのオーリーに、朝ごはんはアイスクリームがいいと言いました。オーリーがやさしく、「アイスクリーム？だめだよ。ワッフルはどう？」と聞いても、エズラはあきらめません。「アイスクリームがいいの！　アイスクリームじゃなきゃやだ！」。床に転がり、泣き叫びながらアイスクリームをほしがりました。まったく手がつけられません。

わざと反抗しているのではない

かんしゃくはやっかいで、関係する人全員をくたくたに疲れさせます。ですが、かんしゃくは子どもの健全な発達の一部なのです。

かんしゃく（子どもが興奮して暴れ、手がつけられなくなること）が意味しているのはたった一つだけ、子どもが、ある状況の感情的要求に対処しきれていないということです。かんしゃくを起こしているとき、子どもは自分の調整能力を超えた、圧倒的に大きな感情、衝動、興奮を経験しています。**かんしゃくは調整不能という生物学的状態であって、わざと反抗しているのではない**と、心に留めておいてください。

かんしゃくは多くの場合、子どもが何かを欲しがり（アイスクリームなど）、それが手に入らない（または、親が手に入れさせない）ことによって起こります。欲望がかなわないことは、人間が経験することのうち、とてもつらいことです。

かんしゃくを起こしている最中に、危ない行動をしようとしたら止めるべきでしょうか？――もちろんです。

親は落ち着いているべきでしょうか？――もちろんです。

かんしゃくを途中で止めたり、起きないようにしたりすべきでしょうか？――いいえ、そんなことはありません。子どもは、欲望を持つべきだからです。

親の落ち着きを吸収させる

子どもが幼いときに、他人に合わせて服従するように教えてしまったら、自信を持って自己主張できる大人になることは望めません。自分の欲望や欲求をきちんと認識できる大人になってほしいと思うなら、わたしたちはかんしゃくを、発達に欠かせない要素として見なければなりません。

どんなかんしゃくの裏側にも、不快な感情をためこんだ子どもがいます。いらだち、落胆、嫉妬、悲しみ、怒りなどがないまぜになった感情です。わたしはときどき、かんしゃくを、体から感情が爆発することとして思い描いています。6章でふれた、感情のびんのイメージを思い出してください。子どもの「不快な感情がつまったびん」がいっぱいになり、かんしゃくを引き起こした出来事がきっかけになって、びんからあふれ出てしまったのだと。こう考えることで、かんしゃくを、面倒で大げさな反応ではなく、圧倒されたり痛みを抱えたりしているときの人間らしい感情表現として認識することができます。

かんしゃくを起こしている子どもの助けになれるかどうかは、次の四つが鍵となります。「感情爆発」を引き起こした出来事の裏にある、本物の痛みや苦しみに気づくこと。親は子どもの感情を支配できないと知ること。子どもは親の決定に対していつも「喜んで！」と言う必要はないこと。そして、親が子どもの感情を受けいれていると伝え、子どもに大きな感情を持ってもいいのだと教えて初めて、感情の調整能力が育つということです。

これから紹介する方法は、この鍵の助けになるでしょう。ただし、これらは感情爆発だけのかんしゃくを想定しています。かんしゃくの際に、相手をたたいたり、物を投げたりといった乱暴な動作を含んでいる場合については、次の章で説明します。

親が、子どもが叫んだり泣いたりしているのをやめさせればいいとだけ思っていると、子どもはそのことに気づきます。そして、次のことだけを学習します。「パパとママが止めようとしているということは、この感情は本当に悪いものなんだ」。大人が、ある感情を避けたり、無理に止めたりしたら、子どもはその感情を調整できるようにはなりません。

わたしたちのゴールは、かんしゃくが起きているあいだは落ち着いたままでいて、子どもの安全を守ることです。そのあとで、親がそばにいることを感じさせ、子どもの調整不能に対して親が感情を調整していることを、子どもに吸収させます。そして、子どもが自分が内側ではよい子どもであると信じられれば、感情調整スキルを身につけることにつながっていきます。

どうしたらいい？

「何の問題もない」と自分に言う

かんしゃくを目の前にした親が、冷静でいるのは難しいことです。なぜなら、わが子の調整不能は、親自身の自己嫌悪の感情を引き出すからです。「どうしてかんしゃくを起こすの？」と考えるとき、わたしたちは必ず「わたしに問題があるの？」と考えています。「わたしの育児はまちがっているんだ」とさえ思うこともあるかもしれません。こう考えるのは心が痛むことであり、自分の不快感を終わらせるために、子どものかんしゃくを止めようとすることが多々あります。

ですから、次に子どもが「手をつけられなく」なったときは、何かをしようとする前に、まず自分にこう言ってあげてください。「わたしには何の問題もない。うちの子には何の問題もない。わたしはなんとかできる」。

「それぞれの真実」を伝える

親には決定を下すことができると同時に、子どもは自分の感情を持つことができるということを伝えます。

「それぞれの真実があるよ。決めるのはわたしの仕事で、わたしの答えはノー。あなたの感情を決めるのはあなたの仕事で、**あなたは怒ってもいいんだよ**」

このフレーズを口にするとき、突き放すような態度をとってはいけません。それでは、「怒ってもいいよ、わたしはどうだっていいし」と言っているのと同じです。ここでは、心からの許可と共感を伝えなくてはなりません。「どうしてそういう気持ちになるのか、わかるよ」とか、「すっごくつらいよね！」とか、「子どもって大変だよね」と付け加えてもいいでしょう。

願望を声に出す

子どもが何を望んでいて、でも手に入れられていないのか、実際に声に出してみます。

朝ごはんにアイスクリームが食べたいという具体的な願いかもしれないし、より内面的な、もっと自由が欲しいとか、もっと自分の言うことを聞いてもらいたいという願いかもしれません。親が子どもの願望を汲みとって実際に声に出すことは、共感を発揮することであり、子どもに自分は見てもらっていると感じさせます。それによって子どもは安心し、自分は内側ではよい子どもだと感じることができます。

感情の大きさを確認する

激しいかんしゃくを起こしているときは、感情の大きさを確認するのが効果的です。感情の大きさを確認すると、わかりにくい感情のかたまりを、もっと具体的で理解しやすいものに再構成することができます。

たとえば、子どもがお姉ちゃんの使っているクレヨンを使いたがっていて、順番を待てずにいるときは、こう言うことができます。「あのクレヨンがすっごく欲しいんだね……どれくらい欲しいのかな？　この部屋くらい!?　それとも……この家くらい!?　ちがう？　わあ〜。この町くらい!?」。または、公園から帰りたくないと怒っているときは、こう言うことができます。「いつもよりずっと怒っているね……うちの車くらい怒ってる!? うん、もっと大きいね。この公園をうめつくすくらい、怒っているね！」。うまくいけば、子どもはのってきて、こんなふうに言うでしょう。「ちがうよ、ぼくは、この世界と同じくらい怒ってる！」。これはすばらしいことです。なぜなら、子どもは自分の感情がどれだけ大きいかを見てもらっていると感じていて、自分にとって事態がどれくらい深刻かを表現できているからです。

感情の大きさを確認したら、すこし間を置きます。愛情をこめて、お子さんを見つめてあげてください。そして、こう言うとよいでしょう。「どれくらいの大きさかわかって、本当によかった。とっても大切なことだから。ママ／パパがそばにいるからね」

最後に一つ。

ここまでに紹介した方法を試してみたら、**あとはかんしゃくが終わるのを待つだけ**です。そのうち終わります。そうしたら「自分は自分の仕事をした、よい仕事ぶりだった」と、自分に言い聞かせてください。

14章 すぐ投げる、すぐたたく

こんなとき

4歳のリアムは、6歳のお姉さんのシャーロットがキッチンで青い水筒を持っているのを見ています。リアムは叫びます。「ぼく、あっちがほしい！　ぼくの好きな色は青だもん」。お母さんのアリソンは、境界線を守ってこう言います。「シャーロットがもう使っているから、だめだよ。残念だけどね。今日は、赤い水筒か、緑の水筒を使いなさい」。

するとリアムは水筒の入っている引き出しに駆け寄り、水筒をつかんでキッチンの反対側へと投げはじめました。アリソンが近づくと、今度はアリソンをたたいて「大きらい！　大きらい!!」と叫びます。

手が出るのは激しい自己防衛

こういったかんしゃくも、正常で、健全です。わたしが保証します。乱暴な行動をともなうかんしゃくは、衝動の抑制など重要な機能を司る前頭葉が完全に機能しなくなり、生理学的に限界を超え、「脅威」の状態に入っているというサインです。たたいたり、蹴ったり、つねったり、つばをはいたり、かみついたり……こうした行動が教えてくれるのは、子どもの体が、いまは危険な状態だと考えていて、子ども自身はそれを調整することができず、激しい自己防衛という形で反応しているということです。

人間の脳の前頭前野は、言語、論理、予測、そして知覚の発達をつかさどっています（いずれも、感情を調整し、落ち着いて行動するのに役立ちます）。ですが、幼い子どもの前頭前野はかなり未発達です。そのため、とても激しい感情爆発を起こすのです。

子どもはこの世界に生まれてくる時点で、何かを感じたり経験したりする能力は完全に備わっていますが、その強さを調整することはうまくできません。子どもの体内の不安や不快の感じ方は、大人とは異なるため、何かいやなことが起きたとき、ただ不快なだけではなく、怖いと感じるのです。

冒頭の例では、リアムは青い水筒を使えないといういらだちと闘うだけでなく、急に高まったいらだちの感情に乗っ取られたという感覚とも闘わなければなりません。いらだっているだけでなく、いらだちという衝動におびえているのです。生物学的に説明するなら、ストレスホルモンであるコルチゾール濃度が増加して、血圧が上昇し、呼吸が速くなり、明確に物事を考えられなくなっているということです。

絶対にお説教はしない

かんしゃくのスパイラルを止めるためには、まず、親が自分の権限を体現する必要があります。こう言うと、自分には力があるんだと思えるかもしれませんが、実際には、多くの親が苦手意識を持っています。抵抗されるとわかっている決定を強いられ、子どもから怒りを向けられてもなお、愛情を注がなければならないからです。

その上で、親がすべきことは、封じこめに集中することです。乱暴をともなわないかんしゃくのときと考え方は同じですが、より物理的な封じこめが求められます。割って入って危険な行動を止めること、子どもがそれ以上のダメージを与えることができないような安全な場所に移動させることです。

そのとき、絶対に子どもに新しいスキルを教えたり、学ばせたり、築かせたりしようとしないでください。封じこめだけが唯一の目標です。

どうしたらいい？

「させないよ」

声に出して、次のフレーズを言ってみてください。

「水筒を投げちゃだめ！」

「投げるのをやめて！　お願い！」

では、ここで一つ深呼吸をして、次に、こう言ってみてください。

「水筒は投げさせないよ」

この5文字の「させないよ」は、親なら誰でも携帯しておくべきツールです。

「させないよ」という言葉は、親が支配権を握っていること、自分では調整不能の行動を子どもが続けていたら、親が止めに入ることを伝える言葉です。

調整不能に陥った子どもは、自分では実行することのできない封じこめを、大人の介入によって与えられることを必要としています。**「させないよ」と言って介入し、その「させないよ」という言葉通りにすることこそ、愛情と保護のための行動なのです。**

「言葉通りにする」とはどういうことでしょうか。たとえば、「妹を蹴らせないよ」と言ったときは、二人の子どもを物理的に引き離すことになるでしょう。「ママ／パパをたたかせないよ」と言ったときは、たたいてくる子どもを両手でブロックすることになるでしょう。「カウンターに飛び上がったり飛び降りたりさせないよ」と言ったときは、物理的に子どもを抱き上げて、別の場所へ連れていくことになるでしょう。

注意したいのは、「させないよ」は普段使いのツールではないという点です。四六時中、子どもに命令して、親のほうがえらいと主張することはお勧めしません。「させないよ」は、子どもが自分ではよい判断ができなくなったときのための方法です。**こうした状況で、「しちゃだめ」「やめて！」と言うのは、子どもに自分の操縦かんを握らせていることになります。**制御するつもりが、逆に調整を失わせることになってしまうのです。

衝動を安全な方向へそらす

かみつきたいという衝動を持つことは悪いことではありませんが、人にかみつくことは許されません。たたきたいという衝動を持つことは悪いことではありませんが、人をたたくことは許されません。

子どもの衝動を安全な方向へとそらす方法を見つけるほうが、衝動そのものを止めるよりもはるかに効果的です。たとえば、かみついてしまう子どもには、かんでもいいものを持ち歩かせるとよいでしょう。蹴ってしまう子どもは、脚をじたばたさせたり蹴ったりしても危険ではなく、ほかの子どもに当たることのない部屋などに移動させることができます。

多くの親が、衝動そのものをなくそうとしますが（「どうして誰かをたたこうとするの？どうしちゃったの？」）、衝動を人間らしいものとしてとらえ、それを発散することをまず認めることが、子どもの調整能力の獲得の第一歩です。やがて時がたつにつれ、よりよい判断ができるようになります。

炎を封じこめる

あなたが「させないよ」と言って介入したあともまだ子どもが暴れている場合、それは単に、子どもが封じこめをしてほしいとまだ頼んでいるということです。ですが、暴れている子どもは、あなたの助けを拒絶しようとします。なぜなら、そのとき、子どもの体はすべてのことを脅威のレンズを通して見ているからです。でも実際には、「**強くなって。ぼくが泣き叫んで抗議しても、ぼくのためにいちばんいいことをして**」と言っているのです。このことを忘れずに、以下のステップに進んでください。

ステップ1 子どもを抱き上げて、小さめの部屋に向かう

より安全（暴れてぶつかったときに危険な物が置いていない）な場所に向かいます。小さな部屋に行くことで、言葉ではなく体のコミュニケーションによって、感情の炎が家全体を焼き尽くすことはないと示すことができます。そして、子どもに語りかけます。

「ママ／パパのいちばん大切な仕事は、あなたの安全を守ること。いまは、あなたを抱っこして子ども部屋に行って、そこで一緒に座っているということなんだ。大丈夫。愛して

いるよ。ママ／パパがついているからね」

もっと短く、このような伝え方もできます。

「あなたを抱っこして、子ども部屋に連れていくよ。大丈夫。一緒に座っているよ。あなたはよい子で、つらい思いをしているだけ」

この声かけはどちらかといえば、親であるあなたのためのものです。あなたの権限を言葉にして、あなたの仕事を思い出すためのものです。子どもが暴れても、途中であきらめないでください。子どもは反抗しているのではなく、恐怖を感じているのです。

ステップ2　ドアを閉め、親はドアの前に座る

部屋についたら、ドアを閉めて、子どもが出られないようにドアの前に座ってください。それでも、子どもは出ようとするでしょうか。そうするかもしれません。幸いなことに、あなたは子どもよりも体の大きな大人です。そこに座っていましょう。

ステップ3　身体的攻撃はさせないようにする

子どもが安全や調整を感じるためには、自分が悪い判断をしても親は止めることができ、自分の感情は自分のことも他者のことも危険にさらさないという証拠が必要です。両手を使って、子どもに殴られたり蹴られたりしてもブロックできるようにしましょう。そして、

「たたかせないよ」「本は投げさせないよ」などと言います。

ステップ4 やや大げさに深呼吸する

集中して、深呼吸します。自分にも子どもにも聞こえるように息をします。もしあなたが何もせず、ドアの前に座って、「ホットココア」の呼吸（p.152）をしていれば、あなたはこの試合をリードしています。親の落ち着きを吸収させましょう。

ステップ5 嵐が過ぎ去るのを待つ

このとき、親が心にとめておきたいことが二つあります。

一つは、「わたしには何の問題もない。この子にも何の問題もない。わたしはなんとかできる」と自分に言い聞かせること。子どもと座っていることに違和感があるなら、こう言い聞かせましょう。「変な感じがするけど、それは、いままでやったことのない新しいことだというサインだ。これはいいサイン。変化しているということだから」。

もう一つは、理由づけやお説教、罰を与えようとしないことです。脅威の状態にあるとき、子どもはあなたの意図や動きは理解できても、言葉そのものは理解できないと考えてみてください。つまり、あなたのゆっくりとした呼吸と、落ち着きを必要としているのです。

嵐が過ぎ去るのを待ちましょう。それは5分後かもしれないし、30分後かもしれません。

ステップ6　おだやかに、目を合わせずに、話しかける

自然に話すときよりもゆっくりした、小さい声で、やさしい声色で、目を合わさずに子どもに話しかけます。

子どもが（大人もですが）闘争・逃走モードになっているときは、目を合わせることは脅威とみなされることがあるからです。声かけの内容は、たとえば次のいずれかです。「あなたはよい子で、いま、つらい思いをしているだけなんだよね」「ママはここにいて、あなたのことが大好きだよ」「いま感じているように感じてもいいんだよ」。

または、軽く歌うように抑揚をつけて、子どもの名前を呼びかけながら「大丈夫だよ」と繰り返してもいいでしょう。そして、聞こえるように、ゆっくりとお腹で息をします。

1～6のステップはどれも、同じメッセージを子どもに伝えます。「あなたは感情を外に出してもいいけれど、その感情が周りの世界を破壊してしまわないように、わたしが止めるよ。感情を外に出すと楽になるけれど、怒りにまかせて乱暴にすると、よけいにいやな気分になる。だから、感情は外に出してもいいけど、乱暴にするのはわたしが止めるね」。

行動と感情の経過を語る

かんしゃくをなんとかやり過ごすと、たいてい、わたしたちは「はあ、終わってよかった、次に進もう！」となりますよね。ですが、みんなが落ち着いたあとで、子どもとつながり、調整不能となったときのことを振り返ることは、とても意味のあることです。

行動と感情の経過を語ることは、すなわち、カオスな感情爆発の瞬間を振り返り、筋の通った理解を得ることです。かんしゃくを起こすたびに振り返る必要はありませんが、たまに思い出して使ってみるとよいでしょう。たとえば、お兄ちゃんが友達と遊びに行くとき、ついてくるなと言われた弟が、激しいかんしゃくを起こしたとします。数時間後、または翌日、こう声をかけることができるでしょう。

「ママ／パパはちゃんとわかっているかな……ダンテお兄ちゃんとカイトくんと一緒に遊びたかったんだよね？　でも、ダンテが『だめ』と言って、あなたは『お願い』と言ったのに、ダンテはまた『だめ』と言った。すごく悲しくて、つらかったから、蹴ったり、叫んだりして。だから抱っこして、あなたの部屋に連れていって、座って。それから一緒に、体が落ち着くのを待ったよね」

ここで、多くの親は、わたしにこうたずねます。

「それで？　次は何をしたらいいんですか？　今度いやなことがあってもかんしゃくを起こさない方法を教えたらいいんですか？」

いいえ、ちがいます！　**あなたがそこにいること、行動と感情の経過について筋の通った理解を語ること、ただそれだけで、一つの経験が子どもの体にどのように記憶されるかは変化します。**調整にいたる道（つまり、かんしゃくが少なくなる）は、まず理解とつながりから始まります。行動と感情の経過を語るというのが、まさにそれにあたります。

15章 きょうだいげんかが絶えない

こんなとき

6歳の兄ハリと4歳の妹アニカは、ブロックで遊んでいます。お父さんが昼ごはんを作っていると、叫び声が聞こえてきました。それから、泣き声、うるさい音も。様子を見にいくと、ハリがブロックを抱えこんでいます。アニカはこう言います。「お兄ちゃんがわたしのことを押した！」。ハリは叫んでいます。「ちがうよ！アニカがぼくのブロックを取ったんだ！　またアニカのせいで怒られる！」。

きょうだいにマイナスの感情を持つことは当然ある

なぜきょうだいは、いつもけんかばかりしているのでしょうか。エレイン・マズリッシュとアデル・フェイバの共著で、わたしが愛読している『憎しみの残らないきょうだいゲンカの対処法：子どもを育てる心理学』（邦訳・騎虎書房）に、こんな例えがあります。あなたのパートナーが、知らない人を家に連れて来て、これからは三人で仲よく暮らそうと言ったら、どう思いますか？　きょうだいが増えた子どもは、それに近い感情を抱くそうです。

年長の子どもの場合、きょうだいができると、アタッチメントの欲求と、捨てられることへの恐怖が活性化されます。アタッチメントのレンズを通して見たとき、子どもは常に、自分が安全かどうかを見極めようとしています。「ぼくの欲求は満たされる？　ぼくは見てもらっていて、ありのままの自分を愛してもらっていて、自分だけの特徴や興味や好きなことや自分らしさを受けいれてもらっている？　ぼくは家族から、内側はよい子どもとして見られている？」。きょうだいとけんかするとき、子どもは親に、自分が不安なこと、家族の中で安心を感じたいという基本的欲求をきょうだいが脅かしていると感じていることを「伝えて」いるのです。

きょうだいがいる以上、親の関心を分け合うことは避けられません。分け合う難しさは消えませんが、「対処しやすくする」ことはできます。そのためには、子どもがきょうだいについてさまざまな感情を抱くことを、親が受けいれる必要があります。

多くの親は、よくある、しかし非現実的な言説にしがみつこうとします。「きょうだい仲よく！」とか、「きょうだいがいないと寂しいでしょう」などなど。ここでわたしは、二人以上の子どもを持つのはお勧めしないだとか、きょうだいは敵対するのがふつうだとか、お互いに意地悪するはずだと言っているのではありません。わたしが言おうとしているのは、きょうだいの関係は複雑で、その複雑さをきちんと受けいれることで、わたしたちは子どもがさまざまな感情に耐えられるよう準備させることができ、子どもは感情をもっとうまく調整できるようになるということです。

それができるようになれば、感情が行動（悪口を言ったり、たたいたり、けなしたり）という形であふれることはなくなります。これこそ、わたしたちのゴールです。

生まれた順番の力学

きょうだいの関係を考える上で、もう一つ考慮に入れるべき重要なポイントがあります。生まれた順番です。何番目の子どもかということは、それだけで1冊本が書けるくらい大きなテーマですが、ここでは一人目か否かという点についてだけ説明します。

長子は、自分が唯一の子どもであることに慣れています。親の注目を独り占めできる状態で、さまざまな回路が設定されています。ですから、新しいきょうだいを迎えるということは、世界の基礎が完全に揺るがされるのと同じことです。もちろん、やがて慣れていくことはできますが、わたしたち親は、子どもがとても大きな変化を経験していることを認識しなければなりません。これまで、自分が家族の中で唯一の子どもだという前提で、世界と向き合ってきたのに、それが全部覆されてしまうのです。長子は、新しいきょうだいがやってきたとき、自己中心的に見えることが多くありますが、「妹なんてきらいだ、病院に返してきてよ！」という言葉や、「ぼくを見て！」という願いの裏には、回路の大規模な変化を経験している子どもがいます。

二人目以降は、逆の設定を経験します。自分が（まだ）できないことができる兄／姉が常にいて、時間と注目を奪い合っている状態で回路が設定されます。この設定は、ストレスのたまることです。ブロックでタワーを作ろうとすれば、いつも年上のきょうだいが自分よりうまくやってのけてしまうし、庭を走ろうとすれば、いつもきょうだいのほうが速く走れるし、文字を読む練習をしていると、いつも簡単に読めてしまうきょうだいがそばにいます。このことは、修正すべき問題ではありません。ただ、そういう力学が存在することを理解する必要があるだけです。もちろん、お兄ちゃんやお姉ちゃんよりすらすら字が読めたり、運動神経が抜群でスポーツが得意だったりする子もいて、こうした状況には、また別の難しさがあります。ですが、生まれた順番の力学を頭に入れておくことは、自分の子どもにどのような不安が引き起こされているか、そして行動を通してどんな満たされない欲求を示しているかについて考える上で、非常に重要なことです。

きょうだいの「公平」を目標にしない

また、きょうだいについては、多くの家庭が、「公平」であることを目標にしているのを目にします。それによって問題を減らそうとしているわけですが、**実際には、公平に物事を行うことは、問題を起こす最大の要因です。**公平さを追求すればするほど、わたしたちは競争の機会を作りだします。

物事を公平に行おうとすることは、子どもの警戒心を刺激することだからです。それは、こう言っているようなものです。「きょうだいをしっかり見張っていなさい。きょうだいと同じものを自分も持っているか、いつも気をつけていなさい」

そして、もう一つ、家庭で「公平」を目標にしないほうがよい長期的な理由があります。子どもは、自分の欲求を知るにあたり、外側ではなく内側に目を向けるべきです。大人になったときに、「友達は何を持っている？ どんな仕事をして、どんな家に住んで、どんな車に乗っている？ 同じものを持たなきゃ」とは思ってほしくないからです。

どうしたらいい？

PNPタイム

健全なきょうだい関係の安定にいちばん必要なのは、PNPタイムです。PNPタイムのやり方は、11章で紹介した通りです（P.164）。親が一人ひとりの子どもと、二人だけの時間を過ごし、親とのあいだに安心を感じれば感じるほど、きょうだいをライバルではなく遊び相手として見ることができるようになります。

欲求を自分で言わせる

公平さから抜け出すための方法をお教えしましょう。子どもが、「こんなの不公平だ！」と叫んだら、内側に目を向けさせてみてください。無理矢理ではなく、お手本を示します。同じものを探して張り合おうとするのではなく（「今度新しい靴を買ってあげるから！」）、子どもの内側で起きていることを言語化します。「お兄ちゃんだけ新しい靴を持っているのはつらいね。あなたも新しいのが欲しいって？　いまはだめだよ。この家では、子どもは自分にとって必要なものを買ってもらうの。あなたの靴は、まだまだきれいでしょう。怒ってもいいよ。気持ちはわかるから」。

または、あなたの子どもがこう叫んだとします。「ずるいよ！　ぼくがサッカーの練習に行っているあいだに、妹はアイスクリームを食べに連れていってもらったなんて！　明日はぼくを連れていって！　ぼくだけ！　絶対だよ！」。ここで、「公平志向」の考え方をしたなら、あなたはこう言うことになるでしょう。「わかった、明日アイスクリームを食べに行こうね」。すると、子どもは、自分の欲求を決めるにあたり、他人（ここではきょうだい）を参考にするようになります。そうではなく、「個人の欲求」に目を向けさせる対応の例をご紹介しましょう。

(親)「ママ／パパとアイスを食べに行きたかったの？」

(子)「うん、今度連れていって！」

(親)「わかった、じゃあ明日のPNPタイムは、アイスを食べに行くのに使いたいってことね？」

子どもの答えが、「うん」であればそのようにしますし、「どうしようかな」であれば「もちろん。考えてみて。それから、何があなたにとっていちばんいいか教えてね」と、自分の欲求を考えることを促します。

発散させる（ただし親にだけ）

子どもは、きょうだいに対して感じていることを、親には正直に話してもいいのだと知ると、その感情をきょうだいにぶつけることが大幅に少なくなります。ですから、こう子どもに声をかけるようにしてみてください。

「お姉ちゃんがいるって大変だよね」

「弟ができて、いろんなことを感じていると思うけど、それでいいんだよ――うれしくて楽しいこともあるし、悲しかったり腹が立ったりすることもあるよね」

子どもが大きくなるにつれ、もっと直接的な言葉が役に立つようになるでしょう。

「今日はこれから、お姉ちゃんの体操の試合を見に行くよ。うん、お姉ちゃんばっかり注目されるのは、ちょっといやな気分だよね。そう思っていても、あなたがよい子であることにかわりはないよ」

思い出してください。わたしたちの感情はある意味で、物理的な力のようでもあり、その感情を持たないようにしようとすると、行動となって体の外側に飛びだしていきます。うらやましいと思ってもいいんだよと子どもに言ってやることで、嫉妬の感情が実際に生じたときに、問題を解決しやすくなります。うらやましいと思うことを許さないと（「お姉ちゃんのことをそんなふうに言わないの！」）、子どもは感情に対処するスキルを身につけられなくなり、嫉妬が悪口（「お姉ちゃんの体操がいちばん下手だね！」）や行動（静かに観戦していなければならないときに騒ぐ、どこかへ走っていったり大声で叫んだりする）として外に出てくる可能性が高くなります。

発散させるにあたって、一つだけ譲れないことがあります。わたしは、子どもがきょうだいをけなしたり、悪口を言ったりすることは、絶対に許さない方針で対処することにしています。

わたしにとって、けなすことや悪口は、家庭の中でもきっちり線を引くべきことだと考えているからです。悪口や中傷は、無邪気なからかいではありません。それは、悪口を言われた子どもの自信を損なう行為であり、親が介入して止めないと、そのリスクはさらに高まります。だからこそ、きょうだいに対する怒りや嫉妬について話すのは、親と二人きりのときだけということを、子どもにきちんと理解させておくよう、お勧めしています。そうすれば、子どもは気持ちを吐き出すための場所を持つことができます。

二人きりのときに、こう声をかけてもよいでしょう。

「きょうだいがいるって大変だよね。お姉ちゃんのことで、たくさん言いたいことがあるって、わかっているよ。ママ／パパと二人きりのときは、好きなだけ話していいからね。あなたの考えを変えようとはしないし、そんなふうに思っちゃだめとも言わない。それから……もう一つ、大切なことは、お姉ちゃんに直接、意地悪な言葉を言ったり、けなしたり、からかったりしちゃだめってこと。ママ／パパのいちばん大事な仕事は、家族のみんなに安全でいてもらうこと。お互いにかける言葉も、安全の一部だからね」

お手本を見せる

子どもたちには、誰が正しいか／まちがっているか、誰が一番にやるか／二番にやるかを親に決めてもらうのではなく、きょうだい同士で問題を解決できるようになってほしいものです。そのためには、興奮したら、まず落ち着くことを教えなければなりません。調整できているときの子どもは、自然に問題解決できます。

子どもたちがけんかしていたり、興奮したりしていても、体に関して境界線を越える行動（たたく、蹴る）や言葉（脅し、悪口）がない場合、わたしたちがすべきことは、状況を落ち着かせることであって、問題を解決することではありません。子どもたちに調整を強要することなく、あなた自身が調整のお手本を見せてください（「深呼吸して！」ではなく、「深呼吸しなきゃ！」）。

そして、子どもたちそれぞれに、自分の考えを言葉で語らせてください。このとき、**どちらかの味方をしたり、どちらかを「悪い子」または「よい子」扱いしたりしない**ようにしましょう。たとえば、子どもたちが、誰が消防車のおもちゃで遊ぶかでもめているとします。消防車はみんなのお気に入りで、子どもたちは二人とも、叫んで興奮しています。

ここで、問題を解決するなら、「ジェシーはまだ2歳なんだから、先に使わせてあげなさいよ！」とか、「ミカが先、ジェシーはあとにしなさい」と言うことになるでしょう。

そうではなく、落ち着かせるには、「ママ／パパにちょっとだけその消防車を貸して――はい、いまはママ／パパが持っているね。ふう、深呼吸しなきゃ」と言って、何度か深く息をして、子どもたちがあなたの調整を「借りる」ことができるようにします。それから、「うーん、子どもは二人いるのに、消防車は1台しかない！　困ったね。どうしようか？　問題を解決してくれる人はいないかな……」と言ってしばらく間を置きます。このとき、あなたは子どもが問題解決に至るプロセスを学ぶ手伝いをしているのです。

親が子どものために何でも解決してやると、子どもは親なしでは問題を解決できなくなります。そうなると、みんなにとってストレスがたまる状況になってしまうでしょう。

「させないよ」の介入（危険な状況）

危険な状況とは、たたく、投げる、身体的なけんかや脅しだけでなく、残酷で行きすぎた言葉（悪口）や、精神的ないじめも含まれます。こうした状況下では、危険を感じている子どもと、制御を失っている子ども、両方を守るために、親が介入する必要があります。どちらも、わたしたちの助けを必要としているのです。

制御を失った子どもに必要なのは、親が、自分がその場の主導権を握ると宣言することです。そのために、前の章でも説明した「させないよ」を使うとよいでしょう。「お姉ちゃんをたたかせないよ。いやなことがあったんだね。怒るのはかまわないし、ほかに怒りを表現する方法を考えるのを手伝ってあげる」といった調子です。

この「させないよ」には、それを実行するための身体的な行動を組み合わせる必要がある場合もあります。きょうだい同士のあいだに立ったり、引き離したり。介入したら、子どもが落ち着きつつあるか、もっと距離をとる必要があるかを見極めてください。誰かが悪いわけでも、困ったことをしているからでもありません。ただ、全員の安全を確保しなければならないからです。

もっと距離をとる必要があると判断した場合は、こう言いましょう。

「二人とも、いますぐ自分の部屋に行きなさい。怒られているわけじゃないの。ママ／パパのいちばん大切な仕事は、みんなの安全を守ることで、いまは安全のために、あなたたち二人が離れて、体を落ち着かせなきゃいけないからだよ。あとで様子を見に行くからね。

大好きだよ」

　または、調整不能になった子どもを部屋に連れていきながら、もう一人の子どもにこう言います。

「つらかったね。たたくのは、絶対に許されないことだから、妹はママ／パパと一緒に、体を落ち着かせなくちゃいけないの。あとでお姉ちゃんのことも見に来るからね。あなたもママ／パパが必要だって知っているよ。大好きだよ」

16章 無礼な言葉、反抗的な態度

こんなとき

8歳のファーラは、お母さんのヘザーに、土曜日の夜に友達の家に行ってもいいかどうかききました。ヘザーは言いました。

「土曜日は、おばあちゃんと会うことになっているでしょう。だから、行けないよ」

「この家族、大っきらい」とファーラはつぶやきました。

「ちょっと、いまなんて言ったの？」とヘザー。

ファーラが爆発します。

「ママも、うちの家族も、大っきらいって言ったの！　ママは世界一サイテーな母親だよ！」

「ママにそんな言葉づかいをするなんて！　自分の部屋に行ってなさい！」

反抗されると罰を与えたくなってしまう理由

子どもが無礼な、あるいはあからさまに反抗的な態度をとるとき、親には二つの選択肢があります。その行動を、親への尊敬の欠如というレンズを通して見ることもできますし、子ども自身の感情の調整不能というレンズを通して見ることもできます。

わたしたちはついつい、最初のレンズの見方をしてしまいます。そのほうが簡単ですし、習慣になっていることもあります。でも、考えてみてください。あなたも誰かに失礼な態度をとったことがあるでしょう。わたしの場合、失礼な態度をとる理由はいつも同じ。誤解されたと感じたから、です。ちゃんと自分を見てほしいのに、見てもらえていない。ちゃんとわたしの話を聞いてくれていないことにいらだち、相手との関係はその瞬間、弱まってしまうのです。自分がどんなときまちがった行動をしてしまうかを知ることは、子どもの無礼や反抗に対処する上で役立ちます。

たとえば、7歳の男の子ハンターに、今日の午前中はゲームをしちゃだめだよと伝えたとします。あなたが朝食のあとにリビングに行くと、まさにハンターがゲームをしているところです。尊敬の欠如というレンズで見ると、あなたはこう考えるでしょう。「だめっていったのに！　わたしの言葉には何の重みもないの？　この子は自分のやりたいことばかりやって、大人への尊敬の気持ちがないんだから！」。

尊敬されていないという感覚は、トリガーになりやすいので、わたしたちの多くはこうした場合、怒鳴ったり、罰を与えたりしたくなります。だからといってハンターが尊敬の気持ちを新たに持てるようになるわけではないのですが、大人である自分の体の中にある、自分は無力だという不快な感情をがまんできず、罰を通して自己主張することで、自分自身の気持ちを楽にしようとしているのです。

一方で、感情の調整不能というレンズでハンターの行動を見てみると、わたしたちはこう考えます。「ハンターにはすごくやりたいことがあって、わたしにだめと言われても、やりたいことを実現できない感情に耐えられなかったんだ。一緒にどうにかしなきゃ。それに、もしかして、わたしたちのつながりに何か問題があるから、わたしの言うことを聞かないのかもしれない」。

子どもを突き放すと負のサイクルにはまる

ご存知の通り、子どもの感情調整スキルはそれほど優れていません。感情が大きくて強いほど、うまく対応できなくなります。そのため、感情について言葉で説明したり、深呼吸したり間を置いたりして自分を落ち着かせることができず（大人だったらそうするでしょう）、子どもの大きな感情は、反抗的な態度や無礼な言葉という形になって外に出てくるのです。感情が大きければ大きいほど、強ければ強いほど、こうした行動や言葉の形で表れる可能性は高まります。

すると、多くの親は子どもを遠ざけます（「そんなことを言うなんて許しません！」または「いますぐ自分の部屋に行きなさい！」）。負のサイクルのできあがりです。子どもの無礼な態度に、親が感情的に反応すると、子どもはさらに誤解された、孤独だと感じます。そして、もともとの感情がさらに強まり、調整不能の行動や言葉が増えることになります。感情そのものよりも、感情を一人で抱えこむ孤独のほうがつらいのです。

親として、わたしたちは子どもの未発達の調整スキル（不十分であるために無礼や反抗として表面化する）と、まぎれもなく本物で正常な感情（怒り、悲しみ）とを区別しなければなりません。表現されているものの裏側に目を向け、言葉は全体像に気づいてほしいという叫びだということを理解しなければなりません。また、最初の行動に罰を与えなければまた同じことが起きるという考えを捨てなければなりません。**罰を与えなかったからといって、悪い行動が強化されることはありません。**子どもを大目に見たら、子どもは親に無礼な言葉を使ってもいいと学習するという考えは、人間の行動に対する非常に後ろ向きな見方であり、わたしは賛成しません。

失礼な態度に、共感とやさしさで対応することで、子どもは見てもらっていると感じ、やさしい態度でふるまえるようになります。

どうしたらいい？

挑発に乗らない

子どもの発言そのものでなく、言葉の裏にある感情を理解することで、挑発に乗らずにすみます。このちがいは、とても重要です。挑発に乗らないためのステップはこうです。

ステップ1 子どもの行動の周りに境界線を引く

「……ことは許さないよ」または「……させないよ」という伝え方をする。

ステップ2　いちばん寛大な解釈（MGI）をする

奥深くにある感情や不安、見てもらいたいという願望を認識しましょう。何も言わなくても、そばにいるだけでいいこともあります（子どもは、親がそばにいてくれるということを、自分がよい子どもであることのサインだと受けとります。なぜなら、あなたは子どもを怖がっていないということを示しているからです）。

約束を無視してゲームを続けているとき、暴言をぶつけてきたときを例に対応を見ていきましょう。

「電源を切って、コントローラーを預かるよ。」↓境界線

聞いて。何かがおかしいね。ママ／パパはだめって言ったのに、あなたはそれでもゲームを始めたよね。おたがいよく考えてから、またあとで話し合おう。ゲームのことになると、あなたは話が聞けなくなるよね。それに、こうなるのは、ゲームのせいだけじゃなくて、ママ／パパとあなたの関係に何かが起きているからだと思うんだ」↓MGI

「そんなふうに言うのは許さないよ……」↓境界線

でも、そんなふうにふるまうなんて、つらいことがたくさんあるんだね。二人きりで話をしよう。ティーンエイジャーってすごく大変だよね。あなたの話を聞いて、理解したいの。ママ／パパはあなたのことが大好きだよ。あなたが怒っていても」→ MGI

ときには、言葉にするのは重すぎると感じられることがあります。ただ深呼吸をして、うなずくだけでもかまいません。床を見ていてもいいでしょう。強い感情を伴うときは、アイコンタクトですら無理だと思えるときがありますが、簡単な身ぶりだけでも、「あなたの言うことが聞こえているよ。そばにいるよ。大好きだよ」と伝えることができます。

権限を体現する

罰を与えたり怖がらせたりすることなく、親の権限を子どもに伝える方法です。

ステップ1 深呼吸をする

思い出してください。子どもが反抗したからといって、尊敬の気持ちがないということ

でも、悪い子どもだということでもありません。

ステップ2　自分がこれからする行動を伝える

境界線を引くという親の仕事をあらためて主張し、あなたの権限を体現します。たとえば、ソファでジャンプをやめない子に「ソファから下ろすよ」と言って、ソファから下ろします。決めた時間が終わったのに動画を見つづけている子に「いますぐそのｉＰａｄを渡しなさい。もしできないなら、ママ／パパが取るよ」と言って反応を待ちます。渡さない場合には、「取るよ。いやだと思うけど」と言って取り上げます。

これですぐに子どもが納得するわけではありません。反抗や暴言に至るのは、あなたに境界線を引いてほしいと訴えているのです。その通りにして助けてあげましょう。

ステップ3　衝動を昇華させる方法はないか考える

境界線を超えない形で、子どもの欲求に応える方法を探ります。

○「すごくジャンプしたいんだね。でも、ソファでジャンプはさせないよ。外に出て、芝生の上でジャンプしてみよう」

○「パパが仕事のメールに返信するあいだ、一人でも楽しく過ごせる遊びのリストを作る必要があるってことが言いたいんだね」

しばらくしたらでかまいません。おたがいが落ち着いているときに、どんな衝動を抑制するのが苦手なのかを振り返ります。深呼吸をする練習をしてもいいですし、ルールをもう一度約束してみてもいいでしょう。

ステップ4　一緒に振り返る

ルールに不満な気持ちを言葉にする

子どもに反発されそうなルールを作るときは、言葉にして言いましょう。そうすると、あなたは子どもの経験を認めることでつながりを築き、事前に対策を話し合うことができます。たとえば、こう言うことができるでしょう。

◯「ソファでジャンプするのはだめ。わかるよ、つまらないよね？　あなたは何かの上でジャンプするのが好きだし、ソファはよくはずむもんね。ほかにジャンプできるものはないか、考えてみよう」

◯「これから仕事のメールに返信しなきゃいけないの。この家のルールは知っているよね――いまは、iPadはなし。ママ／パパが仕事をしているあいだに、一人ででききる楽しいことを見つけるのは大変だし、iPadを見られたらいいのにって思っているのは知っているよ。気持ちはわかる……でも、ほかに何かできることはないかな?」

つながりたいという姿勢を見せる

子どもが口答えしたり反抗したりするとき、親は子どもから離れたいと感じます。ですが、こうした時期に子どもがいちばん必要としているのは、ふたたびつながろうとする努力です。無礼な態度や反抗ばかりのステージにいる子どもは、奥底ではこう叫んでいます。「ぼくの中にある大きなものを、ママは／パパは、理解していない。理解しようとしてほしい。ぼくを好きにさせておくってことじゃない。ぼくと一緒に、ぼくがなんでこんなふうにふるまっているのか考えて、もう一度つながる方法を探してほしい」。

PNPタイム（p.164）、「そういえば、こんなことがあってね……」（p.180）、充電ゲーム（p.168）が有効になってきます。

17章 小学生になってもだだをこねる

こんなとき

アデゼは、お母さんのイマニの隣に座って宿題をしています。イマニは、娘の宿題を手伝いながらスマホでメールの返事を打ち、ときどき立ち上がって、リビング中をはいはいしている小さな弟の世話もします。

アデゼが鉛筆の先を折ってしまったことがきっかけで、だだをこねはじめました。

「シャープペンシルが欲しいぃ〜〜〜！　ママぁ、持ってきてよ――‼」

イマニは、爆発してしまいそうな気分です。

自分の無力さに耐えられないでいる

子どもがだだをこねたり、かん高い声で泣き言を言ったりすると、いらいらしませんか？

大丈夫、仲間はたくさんいます。わたしもその一人です。

多くの親は、子どもがだだをこねると、感謝の気持ちが足りないと考えます。こんなにいろいろしてあげているのに、その努力を認められていないような気がします。そう思ってしまうのはたしかなのですが、わたしは、この解釈は実際に起きていることを見誤っていると考えます。わたしの理解は、大きく二つに分けられます。

子どもがだだをこねる理由の一つ目は、自分が無力だと感じているからです。

「だだをこねる＝強い願望＋無力さ」

この公式をわたしはよく使います。服を着替えたいけれど、自分にはとてもできないと感じるとき、友達と遊びたいけれどだめだと言われたとき、子どもはだだをこねます。では、なぜ子どもがだだをこねると、わたしたちはこんなにもいらいらさせられるのでしょう？　子どものかん高い声や、要求の果てしなさだけではなさそうです。わたしたちが、だだをこねる子どもについいらいらしてしまうのは、わたしたち自身が、無力であることを許してもらえなかったからではないでしょうか。

「ちゃんとしなさい！」とか、「めそめそ言わないの！」とか、「赤ちゃんじゃないんだから、自分でできるでしょ！」といった声かけが、あなたの育った家でよく使われていたならば、あなたは、**自分の無力さに対する耐性があまりない**はずです。その結果、無力な自分をシャットダウンするようになっているかもしれません。その状態で、子どもがだだをこねたり、めそめそ泣き言を言ったりすると、自分自身が身につけた対応方法を、子どもにも当てはめようとするのです。

親としてのわたしたちの仕事は、たとえ抵抗されたとしても、子どものために自分が正しいと思う決断を下すことですが、それでも、理解やつながりを示すことはできます。水面下にある感情に集中し、必要なつながりを与えていくことで、子どもがだだをこねることは減っていくでしょう（完全になくすことはできないものです）。そして、だだをこねたとしても、その裏にある力学を知っていれば、親としての決断を変えることなく、その状況を乗り切ることができるということを覚えていてください。

全部吐き出したいというサイン

子どもがだだをこねる理由のもう一つは、「全部吐き出す」ことを必要としているからです。これもとても重要な理由です。子どもは、感情を発散させたいと思っていることが多く、だだをこねることは、すべてが手に余ると感じているというサインです。

このあいだ、うちの息子は、水に「氷を9個」入れてほしいとだだをこね、それから水が冷たすぎると泣き言を言い、どうしても氷を入れたまま水を温めてほしいと言って聞きませんでした。なんとかそれを乗り切ったかと思うと、今度は昼食のパスタを見て、チーズがかかっているのはいやだと言いました。それからすこしチーズをかけてと言い、やっぱり全部チーズをかけてと言い、最後にはパスタもチーズもいらないと言ったのです。わたしはどんどん腹が立ってきて、肌がぞわぞわしていました。

でも、そこで立ち止まって考えたのです。めちゃくちゃなことを言っているのは「ママ、強くて頑丈な入れ物になってぼくを受けとめて。ぼくは大泣きしたい気分だから」って言っているのと同じなんだと。そこで、わたしは事態を解決しようとするのはやめて、ただこう言いました。「どれもいやなんだね。どれもほしくないんだね。わかったよ。そういうときもあるよね」。ここで、息子が「ママ、よくわかってるね」なんて返事をしたりするわけではありません。息子は泣き叫び、抗議しました。わたしは息子を子ども部屋に連れていき、そこでしばらく一緒に座って、全部吐き出すのを待ちました。それが、息子にとって必要なことでした。

どうしたらいい？

自分も試しにだだをこねてみる

右手を胸に当てて、自分にこう言い聞かせてください。「誰かに助けを求めたり、自分が無力だと感じたりするのは、悪いことじゃない。強くて、レジリエンスのある人も、ときどきはそういう気持ちになることがある」。

鏡の前で、試しにだだをこねてもいいでしょう。返信しなければいけないメールがありすぎる、家の掃除なんてしたくない、もう疲れた、などなど。皮肉なことですが、だだをこねる自分を受けいれれば受けいれるほど、子どものだだこねも気にならなくなります。

ユーモアを加える

子どものだだこねと相性抜群なのは、大人の遊び心です。12章でも紹介していますが、おふざけやユーモアは子どもがいちばん必要としているもの、つまり、つながりと希望を与えることができます。どちらも、楽しい瞬間に存在するものです。

自分で用意する約束なのに、子どもが「パジャマなんて持ってこられない〜!!!」とだだをこねだしたら、こんなひとりごとを続けて、子どもがすこし落ち着くのを待ちます。

「あらあらたいへん……まただだこねが侵入してきた！　いったいどうやって（と言って、窓際へ行き、外を見まわします）うちに入ってきたのかな？」

「うーん、どうやって入ってきたのかはわからないけど、外に出しちゃおう」

子どもの体から、だだこねを「取り出す」ふりをして、窓やドアから外に投げるふりをします。「飛んでいけ！」。それから子どものところに戻って、「それで、なんだっけ？　あ、パジャマがほしかったんだよね」

このタイミングで、パジャマを用意してやるのはかまいません。このように対応しても、だだこねを強化することにはなりません。つながりを付け加えているだけです。

お願いごとを親が言い直して次に進む

多くの親は、子どもにお願いごとをちゃんと言い直させることが、だだこねを強化しないためには絶対に必要だと考えています。必ずしもこの考えがまちがっているわけではないですし、たしかに、場合によっては、あまりしつこく、支配的になりすぎないように、「だだをこねないで、きちんとお願いできる?」と言ってもかまわないでしょう。

ですが、子どもがより「適切な声音」で言い直すことにこだわりすぎてしまうと、子どもと不必要な権力争いに陥ってしまうことになり、何でもないことが、急に全面戦争へと発展してしまいます。そうまでして、言い直させる価値はありません。**子どもに言い直させるかわりに、親がお手本を示して次に進むほうが、人間的で、同時に効果的**だとわたしは思います。

子どもが「パパぁ~、絵本~」と言ったとします。「ちゃんと言ってちょうだい」と言う代わりに、親が自分で「パパ、あの絵本を取ってくれる?」と言い、それから〝役割を交代〟して「もちろん。取ってくるよ」と言います。本を取ってきたら、深呼吸をして、お説教はせずに手渡します。子どもがちがいに気づき、内面化してくれると信じましょう。

欲求と向き合う

子どもはだだをこねるとき、注目、つながり、あたたかさ、共感、承認のうち、いくつかがもっと欲しいと言っています。これらの満たされない欲求に向き合う方法をいくつか紹介します。

○スマホを置いて、こう言います。「スマホは片づけたよ。ママ／パパは気が散っていて、あなたはそれに気づいていたね。ママ／パパはここにいるよ」

○しゃがみこんで子どもと同じ目線になり、こう言います。「何かいやなことがあるんだね。信じるよ。一緒に考えよう」

○子どもなら誰でも持っている苦痛に共感します。「本当は、自分で何でも決めたいんだよね。その気持ちはわかるよ」

○感情を発散させてやります。「全部はきだしてごらん。すごくつらいよね。ママ／パパがここにいるよ。大丈夫」

○充電ゲームをします。（p.168）

18章 嘘をつく

こんなとき

ジェイクが学校から帰ってくると、お母さんのダーラが言いました。

「先生から電話があったよ。校庭で、オーウェンを押して転ばせたんだって？　何があったの？」

ジェイクが答えます。「ちがう、誰のことも押してないよ」。

ダーラが追い詰めます。

「ママに嘘をつかないで！　本当のことを言わないと、もっとまずいことになるよ」

「嘘なんかついてないよ。どうして、ぼくじゃなくて先生を信じるの？　ママはいつもぼくのせいにするんだ！」

ダーラとジェイクは完全に対立してしまいました。

本当のことの告白を無理強いしても意味がない

子どもが嘘をつくとき、わたしたちはたいてい、反抗的だとか、ずるがしこいといった「悪い子になってしまった」解釈に飛びついてしまいます。でも、それでは大切なことを見逃がしてしまいます。子どもと敵対することになり、親子の権力争いに陥ってしまいます。この争いでは、誰も勝者にはなりません。実際には、**嘘をつくことは、反抗やずるがしこさとはまったく関係がありません。**この本で取り上げているほかの行動と同様に、嘘をつくことは、子どもの基本的な欲求や、アタッチメントの意識と関係していて、誰かを思い通りに動かそうとしたり、だまそうとしたりしているわけではないことがほとんどです。

だからといって、嘘をついた子どもを見逃してやるべきだと言っているのではありません。わたしのアプローチは、嘘をつかせている中心的な動機は何かを探り、それに正面から対処して、本当のことを言いやすい環境を作ります。理解できない行動を変えることはできません。また、罰、脅し、怒りは、理解や変化を促す環境とは相いれません。本当のことの告白を無理強いしても意味がないのです。

子どもが嘘をつく理由はいくつかあります。まず、大人とはちがって、子どもはまだ空想と現実の境目があいまいです。子どもはしょっちゅうごっこ遊びをしますが、そこでは現実の法則にしばられることなく、さまざまな世界に入りこみ、さまざまなキャラクターになりきります。たとえば、あなたが子どもに、ランプを割ったかどうかきいたとします。子どもがランプにつまずいて倒したことを、あなたがよく知っていたとしても、子どもは「ううん、わたしは自分の部屋で遊んでいたよ」と答えます。このとき、子どもは罪悪感に立ち向かっているのかもしれないし、**親をがっかりさせたり怒らせたりしたくないという思いから、空想の世界に逃げこんでいる**のかもしれません。ここで、2通りの見方ができます。一つは、子どもが「真実を伝えるのを避けている」とする見方。もう一つは、真実を伝えるのがとても難しくて怖いから、空想の世界に入っているという見方です。そこは自分で制御でき、自分にとってより心地よい結末を勝手に決められる世界です。

ママ／パパにとっていい子でいられる世界にいたい

子どもの願い（制御を取り戻して結末を変えたい）という枠組みで嘘を見てみると、親

にどのような影響を与えるかではなく、子どもが安心を感じて、自分が内側ではよい子どもだと思いたいというサインとして嘘を理解できるようになります。この願いこそ、常に子どもを突き動かしている欲求です。子どもは、自分は親から愛すべき価値のある存在だと思われていないと考えると、自分がまだよい存在である空想の世界に逃げこみます。

親にランプを割ったかどうかきかれたとき、おそらく、子どもの頭に最初に浮かんだのは、こんなことでしょう。「ランプが割れなければよかった。ランプのそばで遊ばなければよかった。自分の部屋で遊んでいればよかった」。これらの願いが、「わたしは自分の部屋で遊んでいたよ」という言葉として表面に浮上します。この言葉を「嘘」ととらえて、「嘘をつかないで!」と反応すると、表面下で起きている大切なことを見逃すことになります。

子どもは、真実を言うことが親とのアタッチメントを脅かすと思ったときにも、嘘をつきます。アタッチメントとは、親密さのシステムです。文字通り、養育者の近くにいることであり、養育者が自分の近くにいたいと思っていると感じることです。子どもは、このことをふまえて、常に親との関係性をモニタリングしています。そして、こう考えます。「これからママ/パパに言おうとしていることは、ママ/パパをわたしから遠ざける?それとも、近くにいてつながっていられるようにする?」。**もし、親が子どもの行動を「悪い子になってしまった(=内側も悪い子)」というレンズを通して解釈しつづけると、子どもは親が自分を遠ざけると予想し、毎回嘘をつくでしょう。**

結局のところ、人間の体は、捨てられることから自分を守るようにできています。つまり、悪い子だと思われること(「いまはあなたと話したくない、部屋に行きなさい!」とか「親に面と向かって嘘をつくなんて、おかしいよ」)は、子どもにとって最大の脅威です。わたしたちが嘘だと思い、嘘だとラベルを貼っている行為は、往々にして、子どもの体が自分を守ろうとしている行為であり、人を「思い通りに動かそう」とするどころか、自己防衛の一種にすぎないのです。

「勉強したよ」と嘘をつくのは、自立の主張

最後に、もう一つ理解しておく価値のある、子どもが嘘をつく三つ目の理由も解説しておきましょう。それは、自立性を主張するためです。

わたしたちは、子どもであれ大人であれ、自分の位置を把握し、自分が何者かを知り、自分が独立して存在できると感じたいという人間としての基本的な欲求を持っています。だからわたしたちは、誰かに支配されていると感じることをとてもきらいます。誰かに自分が独立した人間であることを否定されているような気がするからです。

このような状況に、人はさまざまなレベルで抵抗し、人生を思い通りにできているという感覚をほんのすこしでも得るために、自分に不利になるような方法をとることもあります。子どもは、どんな年齢であっても、多少は親から独立した時間や空間を持ち、自立心と自主性を感じることを必要としています。**一部の子どもにとって、嘘をつくことは、この人間として基本的な欲求を満たすために欠かせないツールになっています。**お菓子を制

限された育った子どもがクッキーを親に内緒で食べるとき、その子は自分が一人の独立した人間であることを確信します。勉強のプレッシャーをたくさんかけられて育った思春期の子どもが、試験前に勉強を放棄するとき、その子どもは自分が親とはちがう独立した人間であることを確信します。

ですから、嘘をつくときには（「クッキーなんて食べてない！」とか「もう勉強したよ！」）、人生において、自意識と自立の感覚を持てる部分をなんとか維持しようとしているのです。もちろん、こうした状況で、親はさらに支配を強めようとしたくなりますが、それでは嘘をつく動機を強めるサイクルになるだけです。

ここでぜひ心に留めてほしいことは、サイクルは、「ネガティブ」なサイクルであっても、その成り立ちさえわかれば、変化させられるということです。「親の支配→子どもの嘘」というサイクルを断ち切るには、手始めに、このパターンについて子どもとつながる必要があります。親子とも落ち着いているときに、子どもにこんなふうに声をかけます。

「ねえ、あなたにもっと自立してもらおうと思うんだけど、どうかな？　子どものうちは、思い通りになることがほとんどなくて、つらいよね。何から始めようか。もっと自分で決めたいと思っていることは何？」

子どもの返事を聞いて、そこからスタートしましょう。

具体的な対応策に移る前に、もう一度、重要なことをお伝えしておきたいと思います。なぜなら、親は一つ一つの嘘を「修正する」または「指摘する」ことにこだわりがちだからです。

わたしのアプローチは、いま嘘をついたと「告白」させることではなく、将来本当のことを言えるようにすることを目的にしています。本書で紹介している対応策を実行しても、子どもが「いまのは嘘です！」と言ってくれるようにはならないでしょう。それは目標ではありません。目標は、あなたの家庭環境を変えて、子どもがあなたのことを、さまざまな経験を許容してくれる安全な大人だとみなすようにすることです。そのためには、嘘をつかれたとき、深呼吸をしてプライドを飲みこまなければいけません。その場かぎりの告白を要求するのではなく、長期的な、より効果の高い目標に集中するためです。それだけの価値はあるとお約束します。

どうしたらいい？

嘘ではなく、願いだと考える

嘘を願いとみなすことで、わたしたちは、自分の子どもを「内側ではよい子」として見つづけることができます。このことは、嘘に対応する上で非常に重要です。**願いを前提にした表現で、子どもの嘘に返答することで、「真実を話す」と「嘘をつく」以外の選択肢が生まれ、会話の方向性を変えることができます。**二項対立ではなく、そのあいだのグレーゾーンを理解し、言葉にすることにより、その瞬間の緊張をほぐし、新しい方法で子どもとつながることができます。

子どもが「わたしもフロリダに行ったことがある！」とありもしないことを言い出したら、あなたはこう言うことができるでしょう。

「うーん……フロリダに旅行したかったなあと思っているんだね。天気がよくて、あったかそうだもんね。行ったら何をしようか？」

子どもが「妹のタワーを倒してないよ、勝手に倒れたんだ！」と言ったら、あなたはこう言うことができるでしょう。

「タワーが倒れなかったらよかったと思っているんだね……」

または

「ママ／パパも、こんなことしなければよかったと思うことがあるよ。そういうときは、とてもつらいよね」

嘘を願いとみなすことで、わたしたちは子どもと敵同士ではなく、同じチームにいると感じられるようになります。こうして視点をシフトさせることにより、変化を起こすことができ、次に同じようなことがあったら、子どもは本当のことを言いたくなるかもしれません。

そのときはうなずくだけ

うちの子どもたちに対して（もちろん、ときどき嘘をつきます！）も、よく使う方法です。5歳の息子が相手のときは、たとえばこんな感じです。

息子 「ママ、パズルを壊してソファの下にピースを隠したのは、ぼくじゃないよ！

ぼくはやってない！」

わたし 「ふうん……」

ほかには何も言わずに、ゆっくりうなずく。

息子 「やってないもん！」

なぜ、わたしが何も言わないのかって？　なぜなら、息子は明らかに自己防衛モードに入ってしまっていて、罪悪感、恥、またはその全部を抱いていて、そのせいでシャットダウンしているからです。

こうなってしまったら、言い合ってもむだだということをわかっていますし、権力争いには持ちこみたくないし、あとでよい変化を起こす余地を残すためには恥を軽減しなくてはならないことを知っているからです。数時間後、わたしは息子に、「悪い」行動のいちばん寛大な解釈（ＭＧＩ）を伝えて、正直になるきっかけを与えます。

「ねえ、さっきママがお兄ちゃんと作っていたパズルのことだけど……リビングに来て、パズルを見たとき……んー……つい、さわりたくなったんだよね……わかるよ……」

正直に申し上げますと、この段階でも、息子はこう言うでしょう。

「やってない、やってない、やってない！」

そうしたら、わたしは何もせず次に進みます。でも同時に、自分自身で、さっきの出来事を振り返ってみます。この子の嘘の、本当の意味は何だったのだろうか。嘘を通して、もっと自主性が欲しいと「伝えて」いたのだろうか。上の子と一緒に遊んでいたからやきもちをやいたのだろうか。それとも、いい子でいることのプレッシャーで息苦しく感じていたのだろうか。行動の意味を振り返るとき、わたしたちは、ほかの介入方法の基礎を見つけることができます。

「もしそうだったとしたら……」

子どもが嘘を絶対に認めようとしないときは、本当のことを話していたとしたら親としてどんなふうに反応するか、仮定の話をするのが効果的です。

たとえば、娘の学校から電話があって、先週は作文の宿題をしてこなかったと報告を受けたとしましょう。帰宅してきいてみると、娘は何度も、「宿題はやったもん！　やったってば！　この話はしたくない！」と言ってゆずりません。

まず、すこし立ち止まります。そして、すこしでも話を聞いてもらえそうな雰囲気があれば、こう声をかけましょう。

「うん……わかったよ……あのね、ママ／パパが言いたかったのは、うちの子どもが何日間か宿題をしなかったとしたら、心から理解しようとするだろうなってことなの。なぜって、うちの子が宿題をしないってことは、何か必ず理由があるはずだから。ママ／パパも、7歳のとき、何日間も作文の宿題をしなかったことがあってね。作文がすごく難しく思えて、やる気になれなかったんだ。とにかく、もし宿題をしなかったんだとしたら、一緒に話し合うからね。怒ったりしないよ……」

そして、涼しい顔で待ちます。**「で、ほんとは宿題さぼったんでしょ？」と言ったりはせず、ただ次に進みます。子どもがちゃんと受けとってくれたと信じてください。**もちろん、もっと時間を置いてから、こう言うこともできるでしょう。

「ねえ、作文って難しいよね。少なくとも、ママ／パパは苦手だったな。宿題をしなくったって、あなたはいい子だよ。大好きだよ」

話に耳を傾けてくれている感じがあれば、さらにこう付け加えるとよいでしょう。

「もし、すごく難しくて、手をつけられないと思うことがあったら、どうしたらいいかな」

正直になるために何が必要かきく

自分の考えを多少なりとも言語化できる年頃になってからの方法ではありますが、嘘をつくことで困っているなら、**嘘とはまったく関係のないときに、正直になるために何が必要か、真剣に話し合ってみましょう。**

「ねえ……ちょっと話したいことがあるんだけど、いいかな。怒ってるんじゃないよ」

このように話しはじめて、つづけてみましょう。

「親に本当のことを話すのって難しいだろうなって考えていたの。あなたを責めているわけじゃなくて、あなたが正直になるためには、もっとママ／パパにできることがあるんじゃないかって。本当のことを言うのが怖いとか、本当のことを言ったら面倒なことになるとか思ってるかな。ママ／パパがもっと変えたほうがいいことは何か、考えているんだ。なぜかというと、よくないことでも、あなたが本当のことを話せるような家族でいたいから」

19章 怖がりすぎる

こんなとき

5歳の女の子ブレイクは、火を怖がります。誕生日ケーキのろうそくの火を見て泣き出してしまうほどです。友達とキャンプに行ったときのことです。友達の家族がキャンプファイヤーをしていました。お父さんのレオは何度もブレイクに、危ないことは何もないし、みんな楽しんでいるし、怖くないと言いました。でも、ブレイクは父親にしがみついて泣くのをやめません。

子どもなりの理由に耳を傾ける

恐怖は、もっとも基本的なレベルでは、脅威だと思ったものに対する体の反応です。そしてすべての人間にとって、恐怖は身体的体験として体に刻みこまれています。心拍数の上昇、息苦しさ、胃の不快感など。こうした体内で起きていることが、「いまわたしは危険だ」というメッセージを送り、精神的な恐怖を引き起こします。これらの感情は、子どもの小さな体の中でも、大人同様、本能的に現れます。

重要なのは、子どもは恐怖を誇張しているわけではないし、注目を集めるために大げさに言っているのでもないと理解することです。パニックのような感情を体で感じていて、ふたたび安全だと感じるために、大人の助けを必要としているのです。わたしたちの親としての目標は、子どもが恐怖を感じていることに気づき、「わたしは危険だ」から「わたしは安全だ」の状態へと移行するのを手助けしてやることです。

このことは、親として当たり前のことに思えますが、大人からすると怖がる必要がまったくないと思えるシチュエーションにおいては、つい、なぜ心配しなくてもいいのかを説明することで、子どもを恐怖の外へと連れだそうとしたくなります。「怖い！」と騒ぐ子どもに対して、「そんなことないよ！」と言いたい衝動にかられるのです。

子どもが恐怖を感じているその瞬間に、恐怖を理屈で説明しようとしたり、怖がらないように説得しようとしたりしても、けっして成功しません。このとき、子どもの体はストレス反応を経験しています。脳のうち論理的思考を行う部分はオフになり、生存に全エネルギーが集中しています。**子どもに安全だと感じさせることができるのは、あなたがそばにいるという感覚です。**結局、いちばん怖いのは、恐怖にひとりぼっちで対峙することなのです。言い換えれば、子どもに必要なのは理屈ではなく、つながりだということです。

また、「怖くない理由はこれだよ」と説得するアプローチは、新しく異なる経験を子どもに与えることに集中しています。一方、「怖がるのには理由があるはずだ、もっと教えて」と質問するアプローチをとれば、子どもの体験をさらにくわしく知ることに集中することになります。たとえば、犬を怖がる理由を聞くことで、最近主人公が犬にかまれる本を読んだことが明らかになるかもしれません。お留守番が怖い理由を聞くことで、あなたが仕事に行っていた日の午後に何かが起きていたことが明らかになるかもしれません。スクールバスがどうして怖いかをきくことで、児童同士のけんかを目撃してしまったことが明らかになるかもしれません。恐怖にまつわる詳細を知ることで、あなたは子どもを助けるために必要な情報を得ることができるのです。

怖がることを許すことで、怖さに対処できるようになる

最後に、怖くないよと説得するべきでないもう一つの理由は、子どもに、脅威や不快を感じる自分の感じ方を信頼できるようになってほしいからです。いつか、本当に危ない状況に陥ったとき、自分の感情を信じられるようになって、「うーん……何かがおかしい。わたしの体が、これはまちがっているって言っている。ここから離れなきゃ」と思ったときに、その本能に従えるようになってもらう必要があるからです

同じ原則は、ある特定のものに対する恐怖だけでなく、子どもが抱く漠然とした不安についても当てはまります。子どもが不安を感じているとき（「なんとなく、水泳教室に行きたくない！」とか「算数のテストでいい点が取れない気がする」など）、わたしたちは、つい、どうして心配する必要はないかを教えたくなります。ですが、恐怖の場合と同じように、不安に思う必要はないと説得しても、もっと不安になるだけです。

どうしてかって？　子どもは常に、親が何を避けようとしているかを吸収しているからです。わたしたちは、もっと「前向きに」考えるように促すことが、子どもの助けになると考えていますが、子どもからすると、親が不安の感情を避けようとしている、と受けとります。緊張や恥ずかしさやためらいといった感情はまちがっている、というメッセージです。すると、子どもは不安を感じることへの不安を持つようになります。「こうやって

感じたらだめ！」という考えを子どもに設定しているのと同じことなのです。

不安を「取り除く」ことはできません。不安は、わたしたちが耐性を身につけ、不安を感じることを許し、どうして不安になってもよいのかを理解することでのみ、効果的に対処できます。また、そうすることで、ほかの感情が現れる余裕ができ、不安だけでいっぱいになってしまうことを防ぐことができます。

親の仕事は、感情そのものを変えることではなく、子どもの不安に対して関心を持ち、不安が現れても子どもがくつろいでいられるように手助けすることです。

どうしたらいい？

同じ穴に飛びこむ

想像してみてください。ある特定の状況について、子どもが不安を感じています。それはささいなこと、たとえば誕生日パーティーかもしれないし、大きなこと、たとえば親戚の死かもしれません。

次に、子どもが地面にあいた小さな穴に入っているところを思い描いてみましょう。そ

の穴は、不安を表しています。わたしたちが目指すのは、親が子どもと同じ穴に飛びこんで、一緒にいると子どもに感じてもらうことです。穴から子どもをひっぱりだそうとすることではありません。

子どもと同じ穴に飛びこむとき、二つの効果的なことが起こります。子どもはもうひとりぼっちだと感じなくなり、同時に、わたしたちは子どもに、この恐ろしいことがわたしたちにとってはそれほど恐ろしくないと示すことができます。自ら進んで、一緒に穴に入ったくらいですから。たとえば、子どもが夜に、あなたが朝になったらいなくなってしまうと心配しているとしましょう。あなたは一度も、子どもに知らせずに出かけたことがないにもかかわらず、です。理屈は脇に置いて、「飛びこんで」みます。

「ベッドに入って寝るとき、朝になったらママ／パパがいなくなっているかもしれないと思って不安なんだね。うーん、それはすっごく怖い考えだね……」

一方、穴からひっぱりだそうとするということは、「心配しないで。ママ／パパが何も言わずにいなくなったことなんて一度もないでしょ！」と言うことです。

予行演習

わたしたちは、子どもが不安に思っている状況について話題にするのを避けて、子どもがいつの間にか恐怖を忘れるか、次は同じようなことが起きないようにと願っています。でも、どうか信じてください。不安を避けると、必ずその不安は増します。子どもが不安だと思う状況を積極的に言葉にして、話し合おうとしないと、子どもはわたしたち親もその状況が不安なのだと思ってしまい、よけいに不安になるのです。

予行演習は、親にとっては、難しい状況も乗り越えられると考えていることを示すよい機会であり、子どもにとっては、「本番」にどう対処するかを練習するよい機会になります。親と一時的に離れること、病院での診察、体育系クラブの入部テスト、友達と遊ぶこと、授業で音読することなど……こうして書いていると、どんなストレスフルな状況も、予行演習でましにならないものはないと思えます。子どもと実際に練習してみてもいいですし、ぬいぐるみを使って状況を再現することもできます。ぬいぐるみは、自分でロールプレイングができない幼い子どもや、怖い状況をリハーサルすることをいやがる子どもの場合にとくに効果的です。いくつか具体例も紹介しましょう。

親と離れることの予行演習

「月曜日から、保育園が始まるね。どうやってバイバイを言うか考えてから、何回か練習してみようか。本番の前に、体を準備しておこう！」

バイバイの際のやりとりだけでなく、実際に歩いて離れていったり、子どもが悲しくなったときに深呼吸やおまじないを唱えたりする練習をしてもいいでしょう。

ぬいぐるみを使った、病院の予行演習

あなたはテディベア、子どもはユニコーンのぬいぐるみを手に持っています。

「こんにちは、ユニコーンさん。今日はどうされましたか？　先生とお母さんと一緒に、奥の診察室に行きましょう」

それから、予定されている診察をぬいぐるみで練習します。苦手な診察については、実際にぬいぐるみを動かしてやってみてもいいでしょう。

「それでは、ユニコーンさん、お母さんのひざの上に座ってください。そのあいだに、耳の中を見て、問題がないかどうかたしかめますからね！　ユニコーンさん、じっとしていられるかな？　よくできました！」

「怖い」を話すのは大切なこと

恐怖も不安も対処は同じです。不安における予行演習の考え方と同様、子どもが恐怖を乗り越えるのを助ける上で、いちばんに役に立つのは、直接話し合うことです。

ステップ1　子どもが怖がっていることについて質問と確認

こんなふうに始めるとよいでしょう。「一人きりで暗い部屋に入っていくときのこと、

もっと教えて」とか、「この家の中に、一人で入りたくない部屋があるみたいだね」とか。たくさん質問をして、こちらから教えることはあまりしないようにしましょう。説得や説明はせず、ただ情報を集めます。

それから、わかったことを復唱して、「正しく理解できたか」を確認します。

「よーし。ちゃんと理解できたかどうか、確認させて。この家のどこかの部屋に一人で入っていくとき、そこが暗いと、体が怖いと感じる。どうしてかはわからないけど、そう感じるんだね。合ってる？」

ステップ2　1で確認したことを「筋が通っている」と認める

子どもに自分の恐怖を理解させることは、勇気を出して立ち向かわせる上で重要です。

「暗いところが怖いのは、見えないからだね。何が周りにあるのがわからないと、怖いよね。あなたが、家の暗いところを一人で歩くのが怖いのは、よくわかるよ！」

ステップ3　話し合えてよかったと伝える

「大切」という言葉とともに、子どもに、恐怖について話し合うことができてよかったと伝えます。「このことについて話し合えてよかった。とっても大切なことだから」。

これにより、子どもの中にある恐怖の感情は、口に出して話し合う価値のあるものであるということが伝わります。子どもは恐怖を隠して脇に置こうとするのではなく、正面から向き合おうとするようになります。

ステップ4　子どもと一緒に問題解決を図る

こちらからアイデアを出しつつ、子どもが「あ！　だったらこうしよう」と自分で決めた感覚を持てるようにしてください。「……のはどうかな」とか、「考えてみたんだけど」などのフレーズを使うことで、子どもも問題解決に参加しやすくなります。

たとえば、こんな感じです。

「うーん……地下に行って、階段を1段ずつ下りてみるのはどうかな……怖い気持ちが始まって、どんどん大きくなっているように感じたら、教えてね」

「〜感じたら、教えてね」のように親の存在をその場面に注入するのも効果的です。恐怖を感じたときに、孤独でなくなれば、子どもはそれほど恐怖に影響を受けなくなります。

階段を下りてみる気になっていそうだったら、「階段を下りていくときに、心の中で何て言ったらいいかな」「たとえば、今日は1段下りてみて、何日かしたらもう1段って増やしていくのはどうかな」などと、実践的な提案に進みます。

ステップ5　おまじないを作る

不安にぶつかっている子どもにとって、おまじないは絶大な効果を発揮する可能性があります。おまじないは、口に出すのでも、心の中で唱えるのでも、心を落ち着かせるほうに集中させてくれます。たとえば、「緊張しても大丈夫。乗り越えられる」「わたしは怖いけど、勇敢でもある」「わたしは安全、ママとパパが近くにいる」。子どもと一緒に、本人がいいと思うおまじないを考えて、怖いと感じたときに繰り返すように促しましょう。

ステップ6　自分がすこしずつ恐怖に向き合った経験を話す

たとえば、こんな話です。「あなたと同じくらいの歳だったときのことを思い出すなぁ。犬が怖かったんだよね。体がすごくいやな感じになったのを、いまでも覚えているよ」。

このとき、「でも安全だと気づいて平気になったの」といった、早すぎる解決につなげてしまわないようにしましょう。すこしずつ向き合っていった話をします。

「ママ／パパのお父さんとその話をしているうちに、怖くてもいいんだっていうことに気づいたんだ。それから、お父さんと一緒に犬についての本をたくさん読んで、お父さんと一緒に犬の近くに行ってみるようにしたんだ。そうしたら、ある日、お父さんが犬にさわらせてくれて。すこしずつ、犬のことが怖くなくなっていった。何かが怖いときに、勇気を出すのはすごく大変だったよ！」

20章 親の後ろに隠れてばかりいる

こんなとき

ジャイは6歳の男の子で、大人数で遊ぶのが苦手です。体育館が会場の誕生日パーティーに招待されたときは、お母さんのナーラの後ろに隠れてしまいました。ほかの子どもたちは、めいめい好きな体操器具のところへ行って遊んでいます。ナーラはやさしく言いました。「ジャイ、もう6歳なんだし、ここにいる子はみんな知ってる子でしょ。そんなに恥ずかしがって、おかしいよ!」ジャイは泣きはじめ、ナーラはいらいらし、つい「ママに恥をかかせないで!」と口走ってしまいました。すぐに、ナーラは罪悪感でいっぱいになりました。どうしたらいいのかわかりません。

ずっとこのままだったらどうしようという親心が、負のサイクルを生んでしまう

内気、恥ずかしがりや、引っこみ思案は、直さなければいけない問題ではありません。わたしの思うに、これらの状況に対しては、親自身の不快感を和らげるための介入をしがちなのではないでしょうか。とくにあなたが、自立心と外向性を重んじているなら、その傾向は強くなるでしょう。

何かにつけて親の後ろに隠れてしまうことに対して、親が不安に感じてしまう理由の一つは、子どもが「永遠にこのままなのではないか」とか、「永遠に集団になじめないのではないか」という心配です。親が子どもの内気さを不安に思い、その不安が子どもをさらに不安で内気にさせるというサイクルに陥ってしまうのは望ましくありません。このサイクルを断ち切るには、子どもを変えようとしてはいけません。まずは、自分自身を振り返り、自分の内側に働きかけましょう。

大人の文脈で、内気さについて考えてみましょう。あなたがちょっとしたパーティーにパートナーと一緒に呼ばれたときのことを想像してみてください。あなたは緊張していて、「最初だけ、一緒にいてもいい？」とたずねました。「どうして？　大丈夫だよ。会ったこ

とある人ばかりだよ」。それでもあなたがもじもじしていると、パートナーは小さな声で怒ったように言います。「こっちの都合もあるんだから。頼むよ」。

その日の夜、パートナーがあらためてこう話しかけてきたとします。

「いいかい、ああ言ったのは、四六時中ぼくがきみのそばにいて、支えてあげられるわけじゃないからだ。きみは一人で何でもできるようにならないと！」

こう言われて、納得できますか？

心の準備ができるまで、そばにいる

親の後ろに隠れなくなる、苦手なパーティーでパートナーと離れて行動できる。そのためには「自信」が必要です。では、自信とは何でしょうか。わたしたちのほとんどが、人生のどこかの時点で、自信について、立ち止まって見極めることではなく、挑戦するイメージとひもづけています。

内気さや引っこみ思案は自信のなさの表れなのでしょうか。わたしはそうは思いません。

自信とは、自分の感じ方を知り、その瞬間に、そのように感じている自分を受けいれられ

ることだからです。子どもがすぐには遊びに加わろうとせず、そばでしばらく観察しているとき――これだって、自信の一つの形です。

だから、内気な子が親の後ろから一人で前に出るには、「大丈夫」と言うのではなく、「そばにいるよ。あせらないで」と言うことが必要です。この言葉には、子どもの感情をよりよく理解しているのは、親ではなく子ども本人だというメッセージがこめられています。「ありのままの自分でいいんだよ」と言っているのと同じことなのです。子どもが集団に加わるとき、その心の準備ができていると内心感じていれば、それは自信と言えますが、無理強いされていると感じていたら、自信とは言えません。

どうしたらいい？

自分について考えてみる

あなたの子どもが一人だけ親のひざに座っていて、ほかの子どもたちはみんな親から離れて楽しく遊んでいるところを想像してみてください。どんなふうに感じますか。子どもの背中を押して遊びに加わらせたいという衝動はありますか？

もし、そうした衝動があるなら、集団に加わろうとしないという子どもの特質についてのあなたの解釈を180度変えて、自分にこう言ってみましょう。

「うちの子は、自分がどんな人間か、何が心地よくて何がそうでないかを知っている。ほかの子どもたちがちがう行動をとっていても流されない。なんて勇敢なんだろう！」

承認＋「心の準備ができたら自分でわかるよ」

子どもが引っこみ思案だったり、恥ずかしがったりしているときは、その必要はないと言い聞かせるのではなく、子どもを信頼していることを伝えます。

「○○する心の準備ができたら、自分でわかるよ」

こう言うことで、あなたが子どもを信頼していることが伝わり、子どもは自分自身を信頼できるようになります。自分を信頼することは、自信の本質です。また、このフレーズは、変化の可能性も伝えています。時がくれば、もっと気が楽になるということです。**望ましいのは、子どもが自分の感情の最大の理解者になることです。それによって、よい決断が下せるようになるからです。**

町内会の集まりで子どもがご近所の人と話したがらないとき、こんなふうに実践することができるでしょう。

「すこし時間が必要みたいだね。いくらでも時間をかけていいよ。話す心の準備ができたら、自分でわかるから」

誕生日のダンスパーティーに参加することを不安に思っている子どもには、こう言うことができるでしょう。

「ここに来るのは初めてだね。見ているだけでも大丈夫。こうやってママ／パパのそばにいていいよ。参加する心の準備ができたら、自分でわかるよ」

もし、いつまでも準備ができなかったら？ ＭＧＩ（p.28）を思い出しましょう。親から離れられずにいる子どもは、ものすごく不安で、場ちがいだと感じていて、フリーズしているはずです。これは、内気さを奨励しているわけではありません。子どものありのままを受けとめているだけです。

準備がなかなかできない子に対しては、「そういえば、こんなことがあってね……」（p.180）や感情ワクチン（p.171）が役に立つはずです。また、これから紹介する、下準備でもいいでしょう。

下準備

手順や気持ちを、前もって知っておくとうまくいくことがあります。たとえば、親戚の集まりに出かける前に、詳細を子どもと共有します。

「今日は、親戚の人にたくさん会うよ。マーシャおばさんの家にお昼ごはんを食べに行くの。マーシャおばさんと、レックスおじさんと、いとこのパイパーとエヴァンがいて、それから、フィオナおばさんと、ローレンおばさんと、生まれたばっかりの赤ちゃんのジャスパーも来るよ。おばあちゃんとおじいちゃんも、すこし寄るかもしれないって。うーん……そんなにたくさんの人がいるってどんな感じかな……よそのおうちだし……いとこに会うのも久しぶりだよね？　最初はちょっとびっくりして、緊張するかもしれないね。大人たちがわっと集まってきて、いろいろあなたに質問するだろうから……」

このくらい話したら、ただ待ちましょう。感情を予想することは、とても効果的です。前もって感情に名前をつけ、認識しておくことで、子どもはその感情を持つことを許可されたように感じます。そうすれば、感情の調整の面ではもう半分勝ったも同然です。**前もって感情の準備をさせるときは、解決策や、対処方法を付け加えないようにしましょう。**

ただ待つこと、それで十分です。子どもがその後どうするか、見守ってあげてください。

レッテルを貼らない

子どもは常に、親を鏡のようにして、そこに反射する自分の姿に反応します。親が子どもにレッテルを貼って、「この子は恥ずかしがりやだね」とか、「大人と絶対に話したがらない、もの静かな子だね」などと言うと、ある種の固定された役割の中に子どもを閉じこめてしまい、成長を難しくしてしまいます。レッテル貼りの代わりに、子どもの行動を寛大に解釈しましょう。誰かほかの大人がレッテルをべたっと貼っているときは、とくにそうするように心がけてください。親戚の誰かが、「どうしてあなたはそんなに恥ずかしがりやなの?」と言ったら、深呼吸して、会話に割りこみ、こう言いましょう。「この子はいつも恥ずかしがりやというわけじゃないんですよ。自分にとって心地よいものは何か、時間をかけて考えているんです。それってすばらしいことでしょ」

このとき、子どもの背中をなでて、味方だということを伝えてもいいでしょう。

21章 すぐ投げ出してしまう

こんなとき

4歳の男の子ブレーデンは、全12ピースのパズルで遊んでいます。お父さんのイーサンは近くで見ています。ブレーデンは三つのピースをつなげたところで、次のピースを手に持っていますが、どこに置いたらいいかわかりません。イーサンはいらいらして言いました。「ブレーデン、そのピースはまだ使えないよ。どこにもはまらないだろ！　色だってちがうじゃないか！」。ブレーデンは父親を見ると、ピースを放り出しました。「ぼくはパズルがへたくそなんだ！　パズルなんてきらい！」。

ブレーデンは、順調にやっていたことでも、何かがうまくいかなくなると、途中で放り出すか、親にやってほしいと頼むのだそうです。

まず親が子どもの挫折に対する耐性を身につける

学びには、ある大きな矛盾があります。無知や失敗やつまずきを受けいれれば受けいれるほど、成長、成功、達成に近づくのです。挫折に対する耐性が高いほど、難しいパズルや、ややこしい算数の問題、苦手な作文にもより継続して取り組むことができます。そして、もちろんこれらのスキルは学校での勉強以外にも当てはまります。挫折しないで耐えることは、落胆に対処すること、ちがう意見を持つ人たちと意味のあるコミュニケーションをすること、個人の目標をあきらめないことなどにおいても重要です。

子どもに挫折に対する耐性を身につけてもらうためには、わたしたち自身も、子どもの挫折に対する耐性を身につけなければなりません。大変なことですが、そうなのです。子どもが困難にぶつかって苦労していても、わたしが平気な顔をしていれば(解決策を差し出すのではなく、自分で解決させれば)、子ども自身も平気になります。靴ひもを結ぶ練習をがまんづよく見守れば、子どももがまんづよく練習するようになります。子どもたちに挫折の耐性をつけるためにできるいちばん効果的なことは、親が落ち着いて、感情を調整した状態で、急がず、子どもを責めず、結果を重視せずにいることです。これは、子どもが難しいことに挑戦している場合にもそうだし、親が難しいことに挑戦するのを子どもが見ている場合にも当てはまります。

とはいえ挫折は、そう、心が折れてしまいそうなほど対処が難しいものです。挫折に耐えるのが難しいのは、終わらせてしまいたい、急ぎたい、正しくありたい、タスクを片づけたいといった欲求を手放すことが必要だからです。挫折に耐えるには、そのとき起きていることの渦中にとどまり、どうしていいかわからなくても気にせず、結果ではなく努力を重視する必要があります。

「知らない」と「知っている」のあいだに留まっていられる手助け

このことは、心理学者のキャロル・ドゥエックが提唱した「成長マインドセット」でもうたわれています。「成長マインドセット」とは、能力は努力、勉強、継続によって育むことができ、失敗や困難は学びの敵ではなく、学びに至る道の重要な構成要素だとする考え方です。成長マインドセットは、わたしたちに、努力と向上は自分で制御できるけれど、具体的な結果は制御できないということも教えてくれます。つまり、「成功」にこだわらないほうが、新しいことに挑戦でき、発展し、成長することができるのです。

そして、成長マインドセットと併せて心に留めておいてほしいことがあります。**子どもたちは毎日、1日中学ぶという大変な仕事をしている**ということです。あるタイムラインを思い描いてみてください。出発点には「知らない」、終着点には「知っている」と書いてあります。その二つの点のあいだの空間はすべて、「学び」です。この空間は、とくに幼いときは、とても居心地の悪いものになり得ます。しょっちゅう、自分が望むよりも長い時間、この学びの空間にいつづけなければなりません。

いますぐ知っている状態になりたいと思うのは自然なことですし、知らないという楽な状態に戻りたいという衝動も理解できます。知らない状態にずっといれば、努力しなくてもいいし、失敗や恥をかくリスクもないからです。学びはわたしたちの弱さをさらけ出し、傷つきやすくなったと感じさせます。勇敢でないと、学ぶことはできないのです。

子どもたちによい学習者になってもらうには、この「知らないからまだ努力しなければならない」空間に留まっていられるように手助けする必要があります。

それは、親がどんな反応をするかです。ここが子どもの挫折への耐性の肝です。わたしはしょっちゅう、自分に思い出させます。わたしの**親としての仕事は、子どもを学習とい**

う空間から脱出させて、知っている状態に連れていくことではなく、学習という空間に留まって、知らないという状態に耐えることを学ばせることなのです！

ですから、子どもの問題を代わりに解決したり、悩みを矮小化したり、大人には簡単に思えることを理解するために努力している子どもにいらいらしたりするのではなく、子どもに自分で取り組ませなくてはなりません。「知らない」と「知っている」の狭間に長く留まるほど、子どもは好奇心と創造性が豊かになり、辛抱強く努力できるようになり、さまざまなアイデアに取り組めるようになります。

どうしたらいい？

深呼吸

何かがうまくいかなくていらいらしているときのベストな対応策の一つは、深呼吸をすることです。深呼吸には神経系を落ち着かせる効果があり、それによってすべての対処メカニズムを利用できるようになります。

子どもがいらいらしていることに気づいたら、「深呼吸して」と言う代わりに、お手本を見せてあげましょう。３歳の子どもがフォークをうまく使えなくていらいらしていたら、６歳の子どもが文字の読み方を覚えるのに苦労していたら、そばで何度か深呼吸します。繰り返しますが、**子どもは、親との共同調整を通して、自分を調整することを学びます。**あなたが深呼吸することで、子どもは、挫折しそうな状況にも、安全や落ち着きが存在することを理解します。言うまでもないことですが、深呼吸は、親であるわたしたちのことも落ち着かせてくれます。その結果、親自身がいらっとしたり、感情的に反応したりすることも少なくなるでしょう。

おまじない

わたしはおまじないが大好きです。恐怖への対処法でも紹介しましたが、おまじないは、大きくて圧倒的に思える出来事や感情（挫折や恐怖）を、小さくて集中しやすいものに変えてくれます。つまり、子どもが落ち着くのにとても役立つものです。

ですが、子どもに押しつけて唱えなさいと言うのではなく、自分が身につけたものをなんとなく手渡すものだと考えてください。たとえば、こんな感じです。

「ねえ、ママ／パパは6歳のとき、何かうまくできないことがあると、すっっっごくいらいらしてたよ！　いまでも覚えているんだけど、そのとき、ハリーおじいちゃんが、教えてくれたんだ。おじいちゃんは、自分がいらいらしたとき、胸を手に当てて、深呼吸して、こう言うことにしているんだって。『難しく感じるのは、難しいことをしているからで、まちがったやり方をしているからじゃない』。それで、同じことを言ってみることにしたの！　あなたも、やってみたらいいんじゃないかと思うんだ……ちょっとばかばかしいと思うかもしれないけど、結構いいんだよ。こんなふうにね……」

もっと小さな子どもの場合は、「わたしにはできる」「チャレンジするのは好き」「難しいことでもできる」「大変だけどあきらめない」といったおまじないが使えるでしょう。

成長マインドセットを家族の価値観にする

成長マインドセットにもとづく家族の価値観を決めておくことはとくに役に立ちます。次の四つの価値観はわたしのお気に入りで、仕事場やキッチンに貼っておいて、家族全員が見えるようにしています。

1．この家では、みんな、難しいことにチャレンジするのが好き。
2．この家では、正しい答えを出すよりも、がんばることのほうが大事。
3．この家では、新しいことを知る前には、必ず知らない状態があることを知っている。新しいことを学ぶのが好きだから、「知らない」状態も受けいれる。
4．この家では、難しいことをあきらめずにがんばると、脳が成長することを忘れないようにする。脳が成長するのはとってもいいこと。

価値観のセットを作ったら、何度もそれについて話し合いましょう。とくに、親が「失敗」したり、何かを知らなかったりしたときに話すとよいでしょう。ちなみにわたしが、よく成長マインドセットの価値観を持ち出すのは、料理をするときです。「げっ……失敗しちゃった！　まあ、新しいレシピだったし、わたしには難しい料理だったからなあ。この家では、みんな、難しいことにチャレンジするのが好き。それに、次にどうすればうまくできるかわかったから、問題なし！」。

挫折は子どもに、「孤独」や、「自分はだめだ」という感情を抱かせます。ですから、親が自分自身の失敗を見せて、子どもに身につけてほしい挫折に耐えるスキルをお手本として示すことで、子どもはそれらを吸収しやすくなるでしょう。

成功ではなく、やり過ごすことを考える

挫折に耐えることは、〝知らない〟と〝知っている〟のあいだに留まっている能力のことですから、**わたしたちが子どもに本当に身につけてほしいのは、成功を見つけるスキルではなく、つらい感情をやり過ごすスキルなのです。**そうすれば、子どもは何かに取り組んでいるあいだ、まだ成功していなくても、平気でいられます。この考え方をするには、まず親のマインドセットを変化させる必要があります。自分にこう言い聞かせてください。「子どもに、すばやくシャツを着る方法を教える必要はない……教える必要があるのは、うまくいかないときにがまんする方法。子どもに、算数の問題の正しい解き方を教える必要はない……教える必要があるのは、問題を解いているときに自分の体を調整する方法だ」

感情ワクチン、予行演習、「そういえば、こんなことがあってね……」

これまでの章で紹介した方法ですが、この三つは挫折への耐性にも役立ちます。感情ワクチン（p.171）は、挫折に耐えるスキルを育む上でも、鍵となる方法です。なぜなら、挫折しそうになるのを前もって予想することで、子どもの体に準備をさせられるからです。予行演習（p.272）も効果的で、前もってスキル自体を練習できます。

たとえば、ビーズのブレスレットを作るときに挫折するだろうなと思ったら、ビーズを通すふりをして、手を止め、深呼吸して、おまじないを唱えます（「わたしは難しいことができる」）。こうすることで、子どもの神経系を準備させ、その上に、役立つ対処メカニズムを前もって重ねておくことができます。

「そういえば、こんなことがあってね……」（p.180）は、子どもにあなたが挫折しそうになったときのことについて話すことで、子どもが悩んでいるときに感じる孤独を軽減することができます。

22章 ちゃんと食べてくれない

こんなとき

5歳のジアは、スナック菓子が大好きで、両親はちゃんとした食事を食べさせるのに苦労しています。午後4時、ジアはお母さんのエバに言います。

「お腹がすいた！　何か食べさせて。ポテトチップスちょうだい！」

「晩ごはんまで待とうね」とエバは言いますが、ジアはお菓子の入っている引き出しに走っていきます。エバはジアを空腹にしておきたくはないので、こう言います。

「わかった、いいよ。でも、あとでちゃんと晩ごはんも食べるって約束してね」

ジアは約束して、落ち着き、スナック菓子を食べましたが、夕食の時間になると食べるのを拒否しました。エバは腹が立ってしかたありません。

子どもの食習慣は、子育てがうまくいっているかのバロメーターではない

子どもの食習慣は、親をとても不安にさせるものです。食べさせることがこんなにも親の感情を刺激する理由の一つは、それがいくつかの面で、子どもを養い、健康に生きていく上で必要なものの象徴だからです。食べ物にかかわる子どもとのやりとりにおいては、すべてがとても重要に思えます。子どもが何をどれくらい食べるかは、わたしたちが親という仕事をどれくらいうまくできているかのバロメーターのようにすら思えてきます。

食事時の緊張を緩和する最初のステップは、食事にまつわる子どもとのやりとりに関係する問題を理解することです。この理解により、起きていることと、それに関連してわたしたちの体の奥で生じる感情とを、切り離して考えることができ、親の不安や自信のなさではなく、目の前で起きていることにもとづいて、介入することができます。

問題とは、体の自己決定権は誰にあるか、誰がその場を支配しているか、そして子どもは自分で決定を下すことができるかといったことです。これらのことが親子間の食事をめぐるあれこれと一緒に現れます。

子どもが食事中に反抗して「お腹が空いていない」とか「それは食べたくない」とか「パ

スタなら食べる」と言うとき、その心には「親が決定権を握っていることは何？　子どもに任されていることは何？」「ぼくはいつ自分のことを自分で決められるの？」「ぼくのことを信頼している？」といった思いがあります。

子どもが境界線を広げようとしたり、親の選択に抗議したり、実現不可能なものを欲しがったりするのは、自分が自立した存在であるかどうかをたしかめるためです。もちろん、これは食事時にかぎったことではありません。

こうした態度をとられると、親は子どもへの支配を強めようとします。しかし、支配されていると感じれば感じるほど、子どもは拒否や境界線の拡大に執着して、自立を主張しようとします。すると、親はよけいにどうしていいかわからなくなり、権力争いが激化し、みんながいらいらすることになります。

親の仕事は「何を、どこで、いつ」だけ

では、どうしたらいいのでしょう？　わたしは、栄養士でサイコセラピストのエリン・サッターの先駆的なアイデアである、**食にまつわる「責任の分割」が出発点になる**と考え

ています。サッターの考え方を短く要約すると、次のようになります。

親の仕事　どんな食事を与えるか、どこで与えるか、いつ与えるかを決める
子どもの仕事　与えられたものを食べるかどうか、どれくらいの量を食べるかを決める

サッターの考え方がすばらしいのは、健康的な食事パターンを作り出すことが可能であると同時に、自己調整、自信、満足感などにも対応しているところです。

お気づきでしょうか。サッターの責任の分割は、わたしが3章でご紹介した家族の仕事の原則によく似ています。家族がそれぞれの仕事を知っていたほうが、家族システムはうまくまわるとわたしが考えているのと同じように、サッターは、食事と体との健全な関係を築くためには、家族のメンバーそれぞれの役割が明確になっていて、それぞれが「でしゃばらない」ことが必要だと考えています。

サッターは、食べることに関する境界線、つまり「何を、どこで、いつ」に関して、親が主導権を握るべきだと言っています。基本的に、親が初めに役割を果たすということです。基本となる決定を下し、選択肢や制限を設けます。そのあとで、子どもが主導権を握

ります。たとえば、親は入れ物のようなものだと考えてもいいでしょう。外側がどこまでかを決めるのは親ですが、その入れ物の中では、子どもは自由に探求し、自分を表現することができます。前にも、家族というシステムにおける子どもの役割は、感情を探求し表現することだと書きましたね。サッターのモデルにおいては、子どもは食べることに関する決定を通して、自分を探求し、表現します。何を口に入れるか、何を飲みこむか、どれくらい食べるか、何を残すかは、子どもが決めるのです。

サッターの責任の分割について、もう一つ、わたしが気に入っていることがあります。子どもが何を食べるか食べないかにかかわらず、親は自分の役割について満足できるということです。親は自分にこう言うことができます。「わたしの仕事は、『何を、いつ、どこで』。わたしはちゃんと自分の仕事をしたかな？　えっと、チキンと、パスタと、ブロッコリーを出した。夕食は5時半からで、必ずダイニングテーブルで食べるって決めた。うん、全部やった——ちゃんと自分の仕事ができた！」

もちろん、親としては、こんな不安も浮かんでくるでしょう。「結局、パスタしか食べなかった……野菜もちゃんと食べてほしいんだけど」。ですが、ぜひ、ここで心のアラームを鳴らしましょう。「待って、それは子どもの仕事だ！　**食べるか食べないかは、子ど**

もが決めること。子どもの仕事は子どもを信頼して任せよう……わたしは、自分の仕事をちゃんとやっている」

子どもと食に関して、わたしがいちばん重要だと思っている考え方があります。食にまつわる不安をなるべく小さくすることは、食べ物を摂取することより重要だということです。ただし、例外もあります。もしあなたの子どもが何らかの病気を治療中だったり、医師に健康上の懸念を指摘されたりしたら、もちろん特別な対応が必要です。でも、もしそうだったとしても、食べている最中の子どもの感情に注意を払うことはとても重要です。

ダイニングテーブルは、親が子どもの行動（ここでは、食事）を通して、子どもの感情を見ることのできる窓の一つです。子どもは常に、親が境界線を設定し、個人としての子どもを信頼し尊重することを必要としています。そうすることで、子どもは探求し、実験し、健全に生きられるのです。

生活全般において、親が子どもにまったく手出しできないことは、食べものを飲みこむか否かと、尿意・便意のタイミングくらいしかありません。ですから、親は、食事とトイレには細心の注意を払って、支配したいという欲望と向き合わなくてはならないのです。

どうしたらいい？

食べないことに悩みすぎなくなるおまじない

今回のおまじないは、大人のためのおまじないです。子どもの食事に関することが、自分を不安にさせるとわかっている場合、または子どもの食事に関してどうしても支配的になってしまう場合は、おまじないで、自分の仕事と集中すべきことを思い出しましょう。たとえばこんなふうに。

◯「わたしの仕事は、〝何を、いつ、どこで〟だけ。わたしはできる、わたしはできる」
◯「子どもが何を食べるかは重要じゃない。わたしはいい仕事をしてる。うちの子は大丈夫」
◯「子どもが何を食べるかは、わたしの育児のバロメーターではない」

食事についての親の仕事・子どもの仕事を説明する

食べものや食事に関する親の仕事と子どもの仕事について、子どもと直接、正直に話し合ってみましょう。わたしも好んでやっています。サッターの分割の責任という考え方を共有することで、自分も責任をまっとうしつつ、子どもに何が子どもの守備範囲で、何がそうでないのかを知らせることができます。

「ねえ、今日おもしろいことを聞いたから、話してもいいかな？　食べることについて、ママ／パパにも仕事があるし、あなたにも仕事があって、二つの仕事はぜんぜんちがうものなんだって。ママ／パパの仕事は、何を、いつ、どこで食べるかを決めること。ちなみに、食べることがストレスにならないように、必ず一つは、あなたの好きなものを出すようにするね。あなたの仕事は、出されたものを食べるかどうか、どれくらい食べるかを決めること。あなたが自分の体に何を入れるかは、あなたが決められるけど、出されたものを食べたくないからといって、ほかのものを作ってとは言えないの。ママ／パパは、食事のメニューを決めることはできるけど、あなたにもう一口食べなさいとか、全部食べなさいとは言えない。どう思う？」

デザートの攻略法

デザートについて、絶対こうすべきという正解はありません。重要なのは、あなたが決定するということです。**デザートを出すかどうか、何を出すか、いつ出すかを決めるのはあなたの仕事です。**そこからあとは、子どもの仕事です。ただし、親は、「晩ごはんを全部食べたらデザートをあげる」と言うことはできません。なぜなら、「食べる量」は子どもの領域だからです。

きっと、読者のみなさんはいまこう考えているでしょう。「でも、うちの子はデザートしか食べたがらないから、そう言わないと晩ごはんを食べなくなっちゃう！」。せっかくなので、ここで、責任の分割モデルをあなたが本当に理解できているか確認しましょう。もし理解できていれば、デザートについて工夫できることはいくつかあります。

たとえば、デザートをすこしだけ、夕食と同時に出します。同時に、というのは、ブロッコリーやチキンやパスタと同じお皿に乗せたっていいということです。夕食と一緒に出すことで、デザートは完食後のお楽しみにはならなくなります。これで、ほかのメニューも食べてくれるだろうと子どもを信頼しているというメッセージを伝えることができますし、時間がたつにつれ、子どもはデザートにばかり気をとられなくなります。

スナック菓子攻略法

キッチンの棚にあって子どもが切実に欲しがるもの。もう買わないよと約束しても、スーパーのかごにいつの間にか入っているもの。そんな、子どもたちが大好きなスナック菓子に関しても、正解はありません。まったく与えない親もいるし、好きなだけ与える親もいるし、そのあいだの親もいます。そのうちいずれかの決定が、道徳的にほかの決定より優れているというわけでもありません。

まずは、自分にこうたずねてみてください。「わが家のおやつの与え方は、うまくいっているだろうか？」。

もしあなたが、「あんまりうまくいっていない。うちの子は、晩ごはんをあまり食べないから」とか「うまくいっていない、うちの子はスナック菓子以外の食べ物を食べなくなってしまったから」と考えているなら、それがあなたに必要な答えです。

おやつの与え方を変えたい場合、重要なのは、親の仕事は「何を、いつ、どこで」ということを自分に思い出させることです。子どもの許可を得る必要はありません。ただ、変えると宣言して、反応や感情は子どもにまかせます。

「わが家のおやつの出し方を変えることにしました。いまは、おやつが多すぎて、ちゃんと晩ごはんを食べられていないよね。でも、晩ごはんは体が成長するために必要です。だから、学校から帰ってきたときのおやつは○○と△△だけにします。大きな変化だから、時間をかけて慣れていこうね」

反発に耐える

子どものために食にまつわる決定をするとき、親は、自己主張すること、ノーということ、そして子どもの不満や悲しみに耐えることを要求されます。このことは、サッターの責任の分割を実行する上でとても重要な要素です。なぜなら、自分の仕事が何かを知ったら、今度は、積極的にその仕事を果たそうとしなければならず、それができるかどうかは、子どもの不満に対処する能力にかかっているからです。理論上は、とても簡単に聞こえますが（「子どもがわたしに不満でも、気にしない！」）、食事中にお腹を空かせてかんしゃくを起こしている満たされない子どもに耐えるのは……とても大変です。いくつか、役に立つ対処法をご紹介しましょう。

◯正しいとわかっていることを思い出します。「子どもが安心して食べられるものが一つはある。好きな食べ物ではないけど、妥当な選択肢だ。わたしの仕事は食事を出すことで、子どもの仕事は決定すること。いまはもめているけど、わたしたちはおたがい自分の仕事をやっている」

◯賛成してもらう必要はないことを思い出します。

◯子どもに怒ることを許可します。「怒ってもいいんだよ」

◯子どもの要求を口に出します。「〇〇じゃなくて、△△を晩ごはんに食べたかったんだね」「食べ物のことを全部自分で決めたいんだね」

◯子どもの反応を、あなたの決定から切り離します。「かんしゃくを起こしているのは、わたしが悪い決定をしたからじゃない。わたしが冷たい親というわけでもない」

◯おたがいの仕事を思い出します。「親としてのわたしの仕事は、わたしがあなたにとってよいと思う決定をすること。あなたが気に入らなくてもね」

23章

親以外からのスキンシップをいやがる

こんなとき

4歳の女の子キキと、7歳の男の子レックスの兄妹は、おじいちゃんおばあちゃんの家に帰省しました。到着すると、おじいちゃんがレックスとハグをし、キキのこともハグしようとしました。キキは「ハグはいや！」と言いながら走って逃げました。おじいちゃんは、キキのほうへ歩きながら言います。

「久しぶりに会ったのに！　おじいちゃんとハグをしよう！　してくれなかったら悲しいよ。おじいちゃんを悲しませてもいいのかい？」

キキの母親、ターシャは、困りました。おじいちゃんは見るからに傷ついていて、キキは明らかに拒否しています。どうしたらいいのかわかりません。

体の自己決定権――ノーを言えるために

さあ、一緒に声に出して言ってみましょう。

「わたしの体の中にいるのはわたしだけ。わたしが欲しいもの、心の準備ができているもの、正しいと感じるものを知っているのはわたしだけ」

続けましょう。

「わたしの体に関することを決めるのは、わたし。わたしの体の境界線を決めるのは、わたし。誰がわたしにさわるか、どのくらいさわるかを決めるのは、わたし。今日はやりたかったことを、明日はやりたくなくなってもいい。ふれ合ってもいいと思う人と、ふれ合いたくないと思う人がいていい。こうしたことが決められるのは、わたしだけ」

最後にもう一つ。

「わたしが正しいと感じることに従って自己主張したとき、ほかの人はそれが気に入らないこともあるかもしれない。反発するかもしれない。わたしが自分にとって心地よいと言っているものを尊重せずに、わたしから何が欲しいかだけを話題にするかもしれない。他人を満足させるのは、わたしの役目じゃない。他人の不快感は他人の体の中にあるのであって、わたしのせいではないし、それをどうにかしてあげるのはわたしの責任ではない」

以上です。一息ついてください。

いま言ったことに、あなたの体はどう感じていますか？　子どもの頃に教わったことと同じですか？　現在あなたが自分の体に関することを決めるときの方針と、矛盾していませんか？　子どもにとっての体の自己決定権について考える前に、わたしたち自身の回路を確認して、これらの問題にわたしたちがどう反応するかを理解しましょう。

親が、どのように体の自己決定権（わたしたちは自分の体を完全にコントロールする権利を持っているという考え方）と向き合い、実行するかは、いやおうなく子どもに影響を与えます。自分の体について自分で決める権利があるという感覚は、教室で習うものでも、本で学ぶものでもなく、幼い頃の体験を通して身につけるものです。この体験は、一つの問いに集約されます。そしてその答えを、子どもは親の言葉からではなく、親が難しい状況にどう対処するかを通して学びます。その問いとは、次のようなものです。**「相手を怒らせたり、いやな気分にさせたりするとしても、ノーと言うことは許されるだろうか？」**

わたしは自分の子どもに、「ノー」、「いやです」、「やめて」といった語彙を持ち、使えるようになってほしいと思います。こうした言葉を使って実際に境界線を引くための自信は、幼少期の親との体験を通じて育まれます。準備できている、心地よいといった自分の身体感覚に注意を払うように促されてきたか、それともこうした感覚を脇において他人を満足させることを優先するように促されてきたかに左右されるのです。

子どもの体のシグナルには同意する

わたしはここで、子どもがおじいちゃんおばあちゃんとハグをするかどうかについてだけ話しているのではありません。キキの例は、どちらかといえば極端な例で、他人を喜ばせることと、自分の体のシグナルに従って行動することの矛盾が明らかですが、体のシグナルに反した行動を求められがちな場面は、日常のそこここにあります。

2通りの親の反応について考えてみてください。一つは、体のシグナルに沿った行動を促し、同意の回路やノーという能力を形成する反応。二つ目は、体のシグナルに反した行動を求め、子どもの自信喪失の回路を形成する反応です。

状況 子どもが誕生日パーティーに参加したがらない

同意の回路　「いまは、あんまりほかの子たちと遊びたくないんだね。それでいいよ。好きなだけ、時間をかけてごらん」

自信喪失の回路　「おかしなこと言ってないで、友達と遊んできなさい」

状況　子どもが悪気のないジョークに傷ついている

同意の回路　「いやな気持ちになったんだね。あなたを信じるよ。もう二度と言わないからね」

自信喪失の回路　「気にしすぎだって。まったくもう」

状況　子どもが夕食時に満腹だと言う

同意の回路　「あなたの体を知っているのはあなただけだから、お腹がいっぱいかどうかわかるのも、あなただけだよ。あのね、晩ごはんが終わったら、キッチンを片づけるから、もう食べ物は出てこないよ。もう一度だけ、たしかめてごらん。体は何て言っているかな。もう今日は食べなくてもいいか、よーくたしかめてみて」

自信喪失の回路　「お腹いっぱいなわけないでしょ。ほとんど食べていないじゃない。

「リビングで遊びたいなら、もっと食べてからにしなさい」

状況　子どもが暗い地下室が怖いと言う

同意の回路　「暗い地下室が怖いんだね。そのことが、自分でわかっているんだね。あなたを信じるよ。教えてくれてありがとう」

自信喪失の回路　「大げさね。ただの地下室じゃない」

どの例でも、同意の回路では、大人は子どもの言うことを信じています。だからといって、子どものやりたいようにさせるというわけではありません。ただ、子どもはたしかにそう感じたとみなすということです。一方、どの例でも、自信喪失の回路では、大人は子どもが表現したことに向き合うよりも、こう反応するべきだという視点で介入しています。子どもは、「あなたは自分のことがわかっていない」と繰り返し接されると、その結果、自分を信じられなくなります。だからわたしは、すべての親に、次の言葉を育児中は使わないようにとアドバイスしています。

○大げさ

◯気にしすぎ
◯怒りすぎ
◯うるさい
◯おかしい

これらの言葉は、ガスライティング（訳注：心理的虐待の一種）の言葉で、子どもに「自分はまちがっている」と思いこませます。結果として子どもが自身自分を信じることができなくなります。

ここで、すこし立ち止まりましょう。「子育てに失敗してしまった」とか、「わたしはダメな親なんだ」と思っていませんか？　わたしもそう思ったことがありました。本当です。だから、どれほどつらいことか知っています。胸に手を当てて、足を床につけて、深呼吸しましょう。自分に言い聞かせてください。「手遅れではない……わたしも子どもも。こうして新しいやり方を試し、サイクルを断ち切ろうとしているんだ」。

どうしたらいい？

「信じるよ」

同意の回路を築くもっともシンプルな言葉です。あなたにとってはちょうどよい室温でも、子どもが寒いと言ったら、信じてあげてください。「寒いんだね？　信じるよ。どうしたらいいかな」。くすぐられるのはいやだと言ったら、信じてあげてください。「くすぐられるといやな感じがするんだね。信じるよ。教えてくれてよかった。もうしないからね」。アニメ映画が怖いと言ったら、信じてあげてください。「この映画は怖いんだね。信じるよ」。

「○○の何かがいやなんだね」

子どもが怒っていることはわかっても、何が起きているのか、何に不満なのかわからないこともあるでしょう。赤は好きな色のはずなのに、赤いシャツを激しくいやがったり。これまで9年間毎日仕事に行っていたのに、家を出るときに突然泣き叫ばれたり。

こういったとき、親はつい子どもの言うことを否定したり、ガスライティングをしたりしがちです。代わりにわたしがよく使うのは、「○○の何かがいやなんだね」というフレーズです。このフレーズは、何が起きているのか正確にはわからなくても、あなたが子どもの言うことを信じているということを示しています。「この赤いシャツの何かがいやなんだね……」とか「今日は、ママ／パパが出かけることの何かがいやなんだね……」と言うことができます。**子どもの経験していることが親には理解できないからといって、それを否定してよいわけではありません。**このフレーズは、そのギャップを埋めてくれます。

「あなたの体の中にいるのはあなただけ」

わたしは自分の子どもに、「あなたの体の中にいるのはあなただけだから、あなたが好きなものがわかるのもあなただけだよ」と言うようにしています。同意の中心にあるのは、自分だけが自分に起こることを知っていて、自分だけが自分の欲しいものを知っていて、自分だけがその瞬間に何が心地よいと感じるかを知っているという考えです。

子どもが「シャツを前後ろに着たい」と言っても、「ピンクなんてきらい！　緑がいい」と言っても、「あなたの体の中にいるのはあなただけだから、あなたの好きなものがわかるのもあなただけだよ」と言って、自信を強化することができるでしょう。

同意について質問する

わたしは子どもたちに、同意について考えるきっかけになる質問をするのが大好きです。**子どもは、考えるように促されたときにいちばんよく学ぶものであり、そのためには質問をすることが効果的**だからです。

今度、子どもと話せる時間を見つけたとき（けんかなどをしていない、心地よく静かな時間が持てているとき）に話し合ってみてください。以下は質問の例です。

◯自分が正しいと感じることと、ほかの人を満足させることと、どっちのほうが大切だと思う？　もしその二つが両立しないときは？

◯正しいと思うことを犠牲にしてでも、他人を満足させたいと思うのはどんなとき？

◯誰かにすごく不満に思われても、自分が正しいと感じることを選ぶのが、すごく大切なのはどんなときだと思う？

◯あなたが自分のやりたいことをして、誰かに怒られたら……それってあなたが悪い人ってこと？　それはどうして？

24章 泣いている

こんなとき

アブダラは、7歳の息子ユスフが通う学校からメールを受けとりました。「連絡が来たよ。野球部の遠征チームには入れなかったって。でも、別のチームには入れるみたい。よかったね。いつもの友達とプレイできるんだから」ユスフはいまにも泣きそうで、目に涙をためています。アブダラは、何と声をかけるべきか、何か前向きなことで気をそらせるべきかわからずにいます。

泣くのは恥ずかしいことではない

ここで、ある場面について考えてみましょう。想像してみてください。あなたは友達と話しています。急に、そんなつもりではなかったのに、涙をこぼしそうになりました。あなたはどう感じていますか？　次のどれに近いでしょうか。

Ⓐ「泣く理由なんてないのに！　おかしいなぁ」

Ⓑ「友達に気まずい思いをさせちゃう」

Ⓒ「わたしの体は、何を伝えようとしているんだろう。きっと大切なことだ」

この場面について考えることは、あなたの実家で泣くことがどのように扱われていたかを理解するきっかけになります。涙に対する反応はとても個別具体的で、幼少期に作られた回路にもとづいているのです。

涙そのものは、わたしたちがどう感じているかのサインであり、その感情がとても強いことを表します。アタッチメントのシステムにおいて、精神的サポートと他者からのつながりを必要としているという信号として機能するのです。ですが、直感的には涙は子どもの弱さの表れだと思えるため、親にとってはトリガーになります。

「泣くのは恥ずかしいこと」という考え方は、多くの家庭で、何世代にもわたって受け継がれてきました。子どもは親の精神的サポートが欲しくて泣くのに、親は幼少期にその欲求をシャットダウンするように学習したため、トリガーが作動し、自分が受けていたのと同じ反応を子どもにも返してしまうのです。また別の面では、子どもが泣くと親は罪悪感を覚えます。なぜなら、自分に問題があることのサインだと考えるからです。

わたしたちの世代で、これを変えましょう。次の真実を、思い出しましょう。「体は嘘をつかない。涙が出るのは、感情についてのメッセージを体が伝えようとしているからだ。自分や子どもの涙を好きになる必要はない……でも尊重する必要はある」。

嘘泣きについて

涙について話すといつも、同じ質問をされます。

「じゃあ、〝嘘泣き〟の場合はどうしたらいいんですか?」

質問に、質問で返させてください。どうして、わたしたちは嘘泣きと呼ぶのでしょう。子どもが泣いているのを「嘘泣き」だと呼ぶとき、わたしたちは見かけだけで判断し、批判しています。子どもが大人を思い通りに動かそうとしているのだとみなします。

嘘泣きについて、すこし考えてみましょう。大人であるわたしが、大げさな感情表現をするとしたら、それはどんなときでしょう? 自分の感情の深刻さに気づいてもらいたい、または自分の欲求を知ってほしいときに、相手が無関心、否定、矮小化といった反応をとったら、わたしの体はまちがいなく、もっと強い表現にレベルアップするはずです。

このレンズを通して嘘泣きに目を向ければ、表面的な表現ではなく、その裏にある満たされない欲求が見えてきます。「あなたにとって重大なことが起きているんだね。気にかけているよ。そばにいるよ」とか、「すごく怒っているんだね。信じるよ。本当に」といった言葉を求めているはずです。繰り返しお伝えしている通り、子どもの満たされない欲求に向き合うことと、子どもの要求に「折れる」ことはまったく別物です。2〜3章で学んだように、親と子のあいだにはそれぞれの真実が成り立ちます。わたしたちは、境界線を引きながら、共感と承認を持って子どもに歩み寄ることができるのです。

どうしたらいい?

涙について話す

泣くことについて子どもと話すのは、子どもが泣いていないときにしてください。たとえば、絵本を読んであげているときに、悲しい思いをしている登場人物が出てきたら、読むのをやめて、こう言ってみるといいでしょう。

「この女の子、悲しそうだね。泣いちゃうかな。ママ／パパは悲しいときに泣くよ。泣かないときもある。どっちでもいいんだよ」

または、自分が泣いたときのことについて話します。

「あなたくらいの歳だったとき、こんなことがあったなあ。アイスクリームの移動販売の車が来て、買ってもいいよって言われたんだ。アイスサンドがすっごく食べたかったのに……売り切れだった！　そんな！　そのとき、泣いたよ。すごくがっかりしたから」

こうすることで、わたしたちは泣くことは恥ずかしいことではないと伝えています。**親が、すごくささいなことについてでさえ、自分も泣いたことがあるとはっきり言葉にすると、子どもが泣くことについて感じる孤独が軽減されます。**

泣くことを大切なことと結びつける

わたしは子どもにこう言います。「涙は、体の中で起きている大切なことについて、頭でわかるより先に教えてくれるんだよ」

ときに、体は頭より先に何かを理解する――これは、子どもにとって非常に強力なメッセージです。わたしは多くの大人が、自分が涙を流したとき、「意味がわからない、どうして泣いているんだろう、わたしはおかしいのかな」という自己嫌悪に陥るのを見てきました。**涙や体のメッセージをすぐには理解できなくても大丈夫だと、幼いうちから教えることは、子どものメンタルヘルスを守る強力な手段になります。**

涙について質問する

すこし時間をとって、子どもと涙について考えてみましょう。涙は弱さのサインだという常識を見直すきっかけです。たとえば、次のような質問から始めてはどうでしょうか。

- ◯涙は、何を伝えようとしているんだと思う？
- ◯涙は、いいもの、悪いもの、それとも、どちらでもなくて、ただの涙？
- ◯涙を流すと、体のストレスが消えるって知ってた？
- ◯世の中には、泣くのがきらいな人もいるよね。どうしてだろう？
- ◯男の子は、泣いてもいい？　女の子は？　大人は？　子どもは？　男の人は？　女の人は？　どうして？　どうしてそう思うようになったの？

25章 友達とくらべて自信を失っている

こんなとき

6歳のチャーリーは、友達と庭で鬼ごっこをして走りまわっています。お母さんのクララは、チャーリーが鬼につかまってばかりで、ほかの子に比べて動きが遅いことに気がつきます。

友達が帰ると、チャーリーは泣き出しました。

「みんな、ぼくより走るのが速いんだ。ぼくはいつもすぐにつかまっちゃう。学年でいちばん遅いんだよ!」

クララは、子どもがとても悲しんでいるのを見てつらい気持ちです。「大丈夫。今日は調子が悪かっただけ」と言うべきか、「でも、チェスや図工は得意でしょ」と言うべきか、悩んでいます。

自信と成功体験の思いこみを変える

自信とは自分を信じることですが、「自分はできると信じる」ことに限定されがちです。ですが、それは自信を見誤ることになると思います。

自信を、「自分はできると信じる」と定義すると、わたしたちは子どもから苦痛や悲しみ、落胆、または何かが不得意だという考えを取り除こうとするようになります。これは残念なことです。なぜなら、こうして安心させるやり方は、結局自信を損なってしまうからです。

自分の何を信じることが自信なのでしょうか。それは、「その感情を抱いている自分」です。「わたしは自分がいまどう感じているか本当にわかっている。わたしがこういうふうに感じていても、それでもよい人間だ」と思えることです。自信とは、なるべく幅広い感情について、その感情を抱いている自分に対してくつろいだ気分でいる能力のことです。

驚くほど多くの親が、**よかれと思って、子どものつらい気持ちを否定しようとします。**さすがに、「赤ちゃんじゃないんだから！」と言う人はいないかもしれませんが、もっと巧妙に、「大丈夫だよ」と悲しんでいる子どもにはうれしい気持ち、がっかりしている子どもには誇らしい気持ちを持つように説得しようとするのです。

いまの感情とはちがう感情を持つよう子どもを説得するとき、子どもは次のことを学習します。「わたしは、自分の感情を感じるのが下手なんだ……悲しいと思っていたけど、わたしがいちばん信頼している大人が、そんなのたいしたことないって言っている。わたしは自分の内側の感情が信頼できない。だって、自分よりもほかの人のほうが、わたしの感情についてよくわかっているんだもん」。

これは避けたいことです。大人になったときに、自分の中の直感を大事にできなくなります。疲れて睡眠が必要なときは付き合いを断るとか、重要な会議に呼んでくれなかった同僚に抗議するとか。こうした選択は、「わたしは自分の感情を信頼することを学んだ」という自分を信じる気持ちから生まれます。

自信は、子どもがすでに抱いている感情を親が許容し、つながることから生まれます。そして、つらいこと、たとえば悲しみ、落胆、嫉妬、怒りといった感情とつながるとき、自信を身につけさせる効果はさらに高まります。なぜなら、さまざまな感情について、何があっても「自分でいる」ことができると感じられるための準備を子どもにさせていることになるからです。なんというすばらしいギフトでしょう。

自分のしたことを振り返れるようにほめる

自信をつけるきっかけは、子どもが何か「うまくいっていない」ときだけではありません。「うまくいっている」ときに何を言うかも重要です。なぜなら、ある種の声かけは、自信をつけさせるのに役立つと思われていますが、実際は逆効果だからです。

「よくできたね！」や「頭がいいね！」や「すごいアーティストだね！」といったほめ言葉は、よかれと思って言っていても、子どもを外からの承認や、他者にほめてもらうことに依存させてしまいます。一方、内からの承認とは、自分で自分をほめようとすることであり、これこそ、子どもに身につけてほしいことです。これは、「自分はできる」を外に求めるか、内に求めるかのちがいです。

たとえば、6歳の子どもが描いた絵を親に見せたとします。外からの承認を求めるということは、「この絵が好き？　ねえ、好き？　きれいだと思う？」ときくことです。内からの承認を求めるということは、その絵について子ども自身が思ったことを話すということです。もう一つ、例を挙げましょう。ティーンエイジャーの子どもが、ボーイフレンドに言われたことで怒っているとします。外からの承認を求めるということは、5人の友達に「ありえない」と思うかどうかきいてまわることです。内からの承認を求めるということは、自分がいやだと感じたことを認め、相手に言葉で伝えようと決めることです。

たしかに、わたしたちは誰でも外からの承認を求めますし、外からの承認をもらうのが好きです。それは、悪いことではありません。目標は、子どもを他者の承認や意見に対して鈍感にすることではなく、内面性（内側では自分は何者かということ）を確立させ、外からのインプットがなくても空っぽに感じたり、混乱したりしないようにすることです。

また、自信は外からの承認やほめ言葉によって育むことはできません。たしかに、**ほめられると気分はよくなりますが、持続しません。**むしろ、すぐに消えてしまうので、わたしたちはもう一度自分についてよい気分になるために、次のほめ言葉を得ようと必死になります。これは自信ではなく、満たされていないだけです。

では、子どもがうまくいっているときには、なんと言えばよいのでしょうか。ほめ言葉について、簡単にまとめておきましょう。子どもの内側で起きていること、**成果ではなくプロセスについてコメントすると、子どもの意識は外側に向かうのではなく、自分を振り返るようになります。**

「がんばって作品を作っているね」

「いろんな色を使っているんだね。どうしてか教えて」
「どうやってそれを作ることを思いついたの？」
といった声かけは、自信の形成を後押しします。なぜなら、こうした言葉が子どもに教えるのは、他者からのほめ言葉を求めることではなく、自分がやっていることに意識を向け、自分についてもっとよく知ることだからです。

どうしたらいい？

承認で先導する

自信は、自分がどんな感情を持っていてもかまわないのだと知ることから生まれます。このことを踏まえると、親が子どもの感情を本物で対処可能だとみなしていることを示すことで、子どもに自信をつけさせることができます。感情に名前をつけて承認することで、その感情を持っていてもいいのだと示すことができます。たとえば、こんな感じです。

状況 子どもが、園送りのときに悲しかったと言っている。

承認で先導する　「お見送りのとき、悲しかったんだね。そうだね、園でバイバイするのはつらいときもあるよね」

よくない例　「でもそのあとは楽しかったでしょ？」

状況　子どもが、サッカーの練習に行きたくないと言っている。

承認で先導する　「サッカーの何かが、いまはいやなんだね。わかった。一緒に考えてみよう」

よくない例　「サッカー大好きって言ってたじゃない！」

どうやって……思いついたの？

○「どうやって、それを描くことを思いついたの？」
○「どうやって、作文の出だしを思いついたの？」
○「どうやって、算数の問題の解き方を思いついたの？」
○「どうやって、この材料とこの材料を組み合わせることを思いついたの？」

子どもの「何」をほめるのではなく、「どうやって」を一緒に考えるとき、わたしたちは内側に目を向け、自分に対して好奇心を持つことを促しています。自分のやったことを、子ども自身がすごいと思えるようになるかもしれません。結局のところ、**自分がどんな考えを持っているか、どうやって何かを思いついたか、次に何をしたいかについて、周りの人が関心を示してくれることほど、うれしいことはありません。**

「どうやって……思いついたの？」と子どもにたずねるとき、わたしたちは子どもに、成果だけでなくプロセスに興味を持っていることを知らせています。

外側より内側が大事

自信の回路ができるかどうかは、外から見える行動よりもアイデンティティのほうが大切だと思えるかどうかにかかっています。そのためには、生まれ育った家庭で、子どもの「内側」にあるもの（忍耐力、感情、思考）が、「外側」にあるもの（実績、成果、ラベル）よりも重んじられている必要があります。

たとえば、スポーツをしている子どもの場合、内側にあるものとは、練習で努力したかどうか、勝ったとき／負けたときの態度、新しいことに挑戦する意志などであり、外側にあるものとは、ゴールやホームランの数、「最優秀選手（ＭＶＰ）」などのラベルです。勉強の場合は、内側にあるものとは、おまけの算数の問題をやってみようとすること、ある科目について熱意を見せることなどであり、外側にあるものとは、成績、テストの点数、「クラスでいちばん優秀な生徒」といったラベルです。

各家庭が内側にあるものを重視すればするほど、子どもも内側にあるものに価値を置くようになります。それは、究極的に言えば、何をするかよりも、自分が何者であるかを大切にする考え方なのです。

「自分の感情がよくわかっているんだね」／「そう感じてもいいんだよ」

自信をつけさせるには、自分の感情を信頼することを教えることが必要です。これは大人にとっても難しいことですが、役に立つフレーズがあります。

「自分のいまの感情がよくわかっているんだね」

「自分のことが本当によくわかっているんだね」

といったフレーズです。これらの反応は、偏見や決めつけをせずに、心の内側に目を向けることを子どもに教えます。子どもが公園でしがみついてきたら、こう言うことができます。

「まだみんなと一緒に遊ぶ心の準備ができていないんだね。それでいいんだよ。自分がいま感じてることが、本当によくわかっているんだね」

子どもがお泊まりパーティーに呼ばれなかったことで泣いていたら、こう言うことができます。

「すごくがっかりしたんだね。そう感じていいんだよ」

26章 完璧にこだわる

こんなとき

5歳のフレイヤは、幼稚園で出された「文を作る」宿題をしています。母親のエズリンが見ていると、フレイヤは単語を一つ書いては、「ちがう、スペリングがまちがってる!」とひとりごとを言い、消して、また書いてみて、消してを繰り返していました。

「フレイヤ、そのままでいいから書いてごらん」とエズリンは言いました。「先生もそう言っていたよ。完璧でなくてもいいって!」。

「宿題もうやだ! 全部の単語のスペリングを教えて。そうじゃなかったらやらない!」

エズリンは、どうやって娘を助けたらいいかわかりません。

結果と自分を分けて考えることを教える

何でも完璧にしたがる子ども、「ほどほど」を許容できない子ども、物事が思った通りにいかないとシャットダウンしてしまう子どもの中では、何が起きているのでしょうか。

完璧主義の裏には必ず、感情調整の問題があります。「描――けーなーい!!」という言葉の裏には、描きたい絵を思い浮かべることはできるのに、仕上がりにがっかりしている子どもがいます。「ぼくは算数が苦手なんだ」という言葉の裏には、自分には能力があると感じたいのに、混乱している子どもがいます。「チームの期待に応えられなかった」という言葉の裏には、うまくプレーできたときのことは思い出せず、シュートを外したことから抜け出せなくなっている子どもがいます。

どのケースでも、子どもがこうだったらいいのにと思うことと実際に起きたこととの不一致が、完璧主義として表れています。そして、**完璧主義は感情調整の問題であるため、理屈は通用しません。**上手に描けているよ、誰でも算数には苦労するよ、1回ミスしただけで選手の評価は決まらないよなどと言って、子どもを説得することはできないのです。

完璧主義の子どもは、きゅうくつな考え方をしがちです。気分や反応が極端で、あるときには世界のてっぺんにいるように感じていても、またあるときには底辺にいるように感じています。つまり、**安全や満足を感じられる範囲がとても狭く、そこを一歩でも出たらだめだと感じています。だから、思った通りに物事が運ばないとシャットダウンしてしまうのです。**

シャットダウン（「やらない！」「もうだめだ！」「ぼくって最悪！」）が表しているのは、子どもが扱いづらい子だということでも、甘やかされているということでもなく、その瞬間、自分についてよい感情を持てていないということです。親としてのゴールは、安全や満足を感じられる幅を広げて、完璧主義者が「グレーゾーン」でも生きられるようにし、自尊心の上下がそれほど極端にならなくしてやることです。完璧でなければならないという欲求に執着するのではなく、ほどほどでよいと思えるようにしてあげましょう。

完璧主義の子どもがグレーゾーンで生きられない理由の一つに、行動とアイデンティティの二つを分けて考えることができずにいることが挙げられます。このことは、自分についてよい気分でいるときにも、いやな気分でいるときにも当てはまります。

状況　本の音読に取り組んでいる
行動1　1ページ完璧に音読できた
アイデンティティ1　ぼくは頭がいい
行動2　一つ発音をまちがえてしまった
アイデンティティ2　ぼくはばかだ

状況　靴ひもを結ぼうとしている
行動1　一度で成功した
アイデンティティ1　わたしはすごい
行動2　うまく結べなかった
アイデンティティ2　わたしは最悪

完璧主義は、子どもから（大人からも）、学習の過程でよい気分になる能力を奪ってしまいます。なぜなら、よい気分をもたらすのは優れた結果だけだと決めつけてしまうからです。ですから、完璧主義の傾向がある子どもを助けるには、何をしているかと、どんな人間かを分けて考えることを教える必要があります。これにより、子どもはグレーゾーンに耐えられるようになります。靴ひもを結んだときにうまくいかなかったり、音読がうまくできなかったりしても、内側では、自分には能力があると感じていられるのです。

もう一つ、完璧主義について大切なことをお伝えしましょう。多くの親は、子どもを「完璧主義者ではなく」する必要があると考えていますが、何であれ、子どもの部分を（とくに厳しいやり方で）シャットダウンさせてしまうと、その部分は悪い、まちがっているといったメッセージを送ってしまいます。

完璧主義のすべてが悪いわけではありません。完璧主義には、やる気、強い意志、信念など、すばらしい要素もあります。子どもが完璧主義の強大なプレッシャーに押しつぶされることなく、これらの要素をうまく使いこなせるようになることが、親の目標です。

どうしたらいい？

自分が失敗してみる

子どもはいつも親を観察して、親が何を大切にしているか、家庭で何にいちばん価値が置かれているかを学習しています。完璧主義になりがちな子どもがいるなら、**親が自らまちがいや失敗をして、悩み、「グレーゾーンの中で生きる」ところを子どもに見せる**よう心がけてみましょう。たとえば、こんな感じです。

「しまった、タイプミスがいっぱいあるメールを上司に送っちゃった！　どうしよう、見直しするつもりだったのにすっかり忘れてた!」

そして、胸に手を当てて、声に出してこう言ってください。

「失敗をしてもいい。わたしは、大丈夫。外側で失敗をしても、わたしの内側はよい人間」

こうすることで、行動とアイデンティティを区別する手本を示すことができます。

完璧主義の裏にある感情について話し合う

ここでの目標は、子どもの焦点を完璧主義から、体の内側にある感情へと移動させることです。これにより、感情調整の基礎が養われます。子どもが「うんていができない子はぼくだけなんだ。もう校庭には行かない。楽しくないもん」と言ったら、その裏にある感情について話し合ってみましょう。

「うんていができないのは、あなたにとってすごく重要なことなんだね」

「一ついやなことがあるだけで、全部が楽しくなくなってしまうことってあるよね。校庭にあるもの全部がうまくできないと、校庭なんてぜんぜん楽しくない気がするよね」

ここで、わたしは完璧主義の裏にある感情調整の問題を言葉にしています。何が起きているのか自分が理解していることを、子どもに示しているのです。

ついこう言いたくなるでしょう。「そんなこと言わないの。ほかの遊具で遊べばいいんだから！」。でも、思い出してください。理屈では、感情調整を身につけさせることはできないのです。

ぬいぐるみの劇

ぬいぐるみやミニカーなど、子どもが好きなおもちゃで、完璧主義のキャラクターがいる場面を演じてみましょう。ショベルカーが、思い通りの形に穴を掘れないと泣いていてもいいし、ぬいぐるみのくまが、半分までしか木に登れないと言っていてもよいでしょう。

そして「えーん、もうできない！　完璧にできないなら、もうやめる！」などと言って、いったん間を置いて子どもの反応を見ましょう。

そのあとは、ダンプカーをショベルカーのところに持ってきて、「思い通りにならないのって最悪だよね。わかるよ。ぼくがそばにいるよ」と共感を示します。そしてさらに、ショベルカーにこう言わせて対処方法のお手本を示します。「わかった……もう1回だけ掘ってみようかな。完璧じゃなくても、続けてみたっていいんだよね……」。

完璧主義の擬人化

おたがいが穏やかな気持ちでいるときに、あなたの中には子どもの頃から、「カンペキさん／ちゃん／くん」がいることを伝えましょう。たとえば、こうです。

「ママ／パパの中にはカンペキちゃんがいるって知ってた？　その子はよく、完璧じゃなかったら意味がないって言ってくるの！　あなたの中にも、カンペキちゃんがいるよね！　算数の宿題をしていたときに出てきたでしょ。カンペキちゃんがいてもいいんだけど、ときどき、カンペキちゃんの声がうるさくなりすぎて、集中できなくなるときがある。それでね、その子にていねいにお願いすればいいって気づいたんだ……」

ここで間を置き、子どもの反応を観察します。たいてい、子どもはすぐにのってきて、「どういうこと？」とたずねます。そうしたら、続けてください。

「カンペキちゃんがうるさくなりすぎたときは、こう言うんだ。『カンペキちゃん、また会ったね！　あなたはいつも、〝カンペキ、カンペキ〟って言うよね。聞こえてるよ！

でも、いまはちょっと静かにしていてほしいんだ。これからわたしは深呼吸をして、〝難しいこともできる〟って言ってくれる声を見つけなきゃいけないの』」

声（考え方）を擬人化するというこのシナリオに、子どもがのってくるわけがないと思うかもしれません。多くの人が、このような介入に疑いを持ち、試そうとせずにいます。ですが、子どもがのってくる理由がちゃんとあるのです。

完璧主義の擬人化のアプローチは、内的家族システムと、人の心はいくつもの部分に分かれているという考え方（くわしくは4章をご覧ください）から直接インスピレーションを得たものです。自分の中にさまざまな「部分」があると考えると、心の仕組みをうまく説明できます。ほとんどの子どもは、部分の考え方をすんなり受けいれます。なぜなら、体の中で実際に起きていることと呼応するからです。

加えて、完璧主義の擬人化が効果的なのは、完璧主義を拒絶することではなく、うまく付き合っていくことを教えられるからです。自分の一部を拒絶するというのは、結局は自己嫌悪と同じです。**完璧主義の擬人化について話すとき、子どもは完璧主義を敵だとは思いません。**そうではなくて、完璧主義に対処できる力があると感じます。

一度擬人化を試してみたら、もう一歩先に進んで、子どもにカンペキちゃん（カンペキくん／カンペキさん）がどんな子か説明させたり、絵を描かせたりしてみてもいいでしょう。このアプローチは子どもたちが楽しんで取り組めるものでもあります。

完璧主義の180度転換

ある日、娘がスペイン語の単語を一つ覚えたというので、わたしはこう返事しました。「1対0！」。娘がふしぎそうな顔でこちらを見たので、説明しました。「何かを知らないっていうのは、これから学べるっていうことで、新しいことを学ぶってすごいことでしょ。ママはいま一つ新しいことを覚えたから、1点ゲットしたの！」

このゲームでは、「勝つこと」は「完璧」であることや、すでに「知っていた」ことではなく、学ぶプロセス（知らなかったことを知った）になっています。知らなかった状態を「勝つこと」の起点にすると、子どもは壁にぶつかりながら学ぶことを許可されたと思うようになります。これは、完璧主義者にとってはとても大きなことです。

ほかにも、知らないことがいくつあるかを競う、まちがえたら1点ゲットや失敗したらハイタッチというルールなど、完璧主義を180度転換させる方法はたくさんあります。

27章 登園時に大泣きする

こんなとき

3歳のウェスリーは、保育園に通いはじめたところです。いままで、上のきょうだいが登園するところを見てきたので、とても楽しみだと言っていました。お父さんのジェフは、お見送りのときに大泣きする子どもがいることを知っているので、ウェスリーによけいなことを考えさせないように、何も言いませんでした。いざバイバイを言うときになると、ウェスリーはお父さんの脚にしがみついて離れようとしません。「やだ、やだ、パパ、行かないで！　行っちゃやだ！」と泣き叫びます。ジェフは困っています。どうしたらいいのでしょう。どうして、こうなってしまったのでしょう。

性格のちがいが大きく出る

分離（別れること）はつらいものです。そして、子どもがお見送りで泣いても、仕事に行く母親にしがみついても、家からなかなか出ようとしなくても、何か問題があるわけではありません。

こうした行動は、アタッチメントにもとづくものです。子どもは親の存在を安全と結びつけます。それは体が、「親がそばにいるかぎり、守られている」と告げているからです。子どもは親と離れるとき、新しい環境にいても安心だという感情を見つけなければならず、それはとても難しいことです。それができるためには、親の存在がもたらす感情を内面化（自分の中に持つこと）し、親がすぐそばにいなくてもこの世界で安全でいられるのだと信じなくてはなりません。その過程で、泣いたり、つらい思いをしたりするのは当然のことです。

わたしは、安全を電球のようなものとして想像します。子どもが親のそばにいるとき、電球の光は子どもにふりそそぎ、子どもは安全を感じて、探求し、遊び、成長することができます。この光が、子どもが大きくなるにつれて、親と離れているときにも子どもの内

側で光るようになること、それが内面化です。

イギリスの小児科医で精神分析家のドナルド・ウィニコットは、子どもは心の中に親子関係の表象を作りだし、親がそばにいないときでも親子関係がもたらす感情を引き出せるようにしているという考えを提唱しました。

このプロセスの助けになるのが、移行対象です。毛布やぬいぐるみなど、家にあるものが親子の絆の物理的な表象となり、親は目の前にいなくても存在しつづけ、子どものために「そこに」いることを子どもに思い出させます。わたしも、分離不安を抱える子どもの親には、いつも移行対象を使うようアドバイスしています。

分離に対する反応は、同じ家で育った子ど

もたちであっても、大きく異なる場合があります。すんなり慣れる子どももいれば、親と離れると考えただけで悲しくなってしまう子どももいます。自分の子どもがどんなふうに反応するかを予想するには、その子の性格について考えることが役に立ちます。

たとえば、わが家の子どものうち、一人は積極的に行くタイプで、新しいことを試すのが好きで、安定していますが、もう一人は、慣れるまでに時間がかかり、慎重で、ひといちばい感じてしまうタイプです。ひといちばい感じるとは、強い感覚が生じやすく、また長く続くということです（このタイプについては、29章でくわしく伝えます）。お見送りのときの外的要因がすべて同じだったとしても、積極的なきょうだいのほうが、新しいルーティーンに早く飛びこんでいくだろうと思っていました。

ここで重要なのは、「予想はするが価値判断を付け加えない」ということです。**どちらかの子どものほうが、「うまく」分離できるというわけではなく、ただ経験の仕方がちがうだけです。**分離がどんなものになるかを理解し、予想しておくことが、バイバイを言うとき泣かれても落ち着いていられるために必要です。

子どもは親の不安を吸収してしまう

親は、子どもが動揺した状態から調整され、楽しい気持ちになって、元どおりになって遊ぶ姿を見ることはありません。**別れの瞬間の子どもの姿が、その後の幼稚園や保育園での過ごし方になるわけではありません。**

このことを理解していれば、親は落ち着いた空気をまとうことができます。これはとても大切です。親が、子どもとの別れをどのように感じているかは、子どもの感じ方にも大きな影響を与えます。もし子どもが、親がためらったり、緊張したりしていることを感じとったら、別れるときの反応はさらに激しくなるでしょう。なぜなら、子どもは親の不安を吸収して、さらに不安になるからです。

別れの瞬間、子どもは本質的にはわたしたちにこうたずねています。「ぼく、大丈夫になるかな?」。**子どもにとって、不安がにじみでている親と別れることほど恐ろしいものはありません。**それは、「ここは安全じゃないよ。じゃあね!」と言うのと同じようなものです。そう言われたら、どんな子どもだって怖いと思うでしょう。

ですから、大切なのは、親であるあなたが、雰囲気を整えることです。別れは誰にとってもつらいものですが、落ち着き払うことが、スムーズな移行の鍵です。

どうしたらいい？ 自分の不安を確認する

子どもと離れることについて、自分がどう感じているかを自覚しましょう。悲しかったり、緊張したりしていても大丈夫！ 感情を追い払う必要はありませんが、別れの場に立つために何が必要かを理解する責任は果たさなくてはなりません。

わたしがよくやるのは、自分のマイナスの感情に声をかけることです。

「こんにちは、不安さん、そこにいてもいいんだよ」

「やあ、きみは、子どもが成長して自分から離れていくのを寂しく思う気持ちだね。そこにいてもいいんだよ。あとで話をしよう。でも、娘にバイバイを言うときは、引っこんでおいてもらえるかな。園は安全だって、娘に態度で伝えられるように」

自分の感情を受けいれるための方法についてもっと知りたい方は、10章をご覧ください。

ママ／パパとバイバイするときのことについて話す

分離が起きる前に、子どもにバイバイする前後のことをたくさん話しましょう。保育園や幼稚園のお見送りであれば、初日の1週間前に、園がどんなところか、あらゆる場面について話します。どうやって園まで行くか、先生の名前（できれば写真を見せてあげて！）、お部屋はどんなところか、お見送りとは何か、などなど。

「もうすこしで保育園／幼稚園だね！ 保育園／幼稚園はね、ほかのお友達と遊んだり、お勉強したりするところで、先生っていう大人がいて、面倒を見てくれるの。ブロックもあるし、お人形もあるし……丸いカーペットがあって、そこに座ってみんなで歌を歌うんだよ！ ママ／パパはあなたを園に連れていって、終わったら迎えに行くからね。お部屋にいるあいだは、ママもパパもいないよ。最初は大変かもしれないね。ママ／パパにバイバイを言って、初めて会う大人やお友達と一緒にいるのは、新しいことだもんね！」

この方法は、子どもがお友達の家に泊まりに行くときや、学校の宿泊行事に参加するときにも使うことができます。前もって、分離について話し合いましょう。行き先の写真を見せて、どんなふうに感じるかを予想します。

「明日の夜、ラクエラのおうちにお泊まりに行くよね。すごい、初めてのお泊まりだ！ どこで寝ることになるかわかるように、ラクエラのママがお部屋の写真を送ってくれたよ……見て、青いブランケットがある。おうちで使っているのとそっくりだね！ それから部屋のすみに小さいランプがあって、寝るときはつけておくんだね……うーん、これはおうちとちがうね。初めての場所で眠るって、どんな感じがするかな？」

ルーティーン＋練習

簡単に練習できて、何度も繰り返せるルーティーンを考えてみましょう。短くて、楽しいのがいいですね。こんなのはどうでしょうか。

「ぎゅっとハグをして『じゃあね！ 必ず迎えに来るよ！』って言うよ。そうしたら、まわれ右してバイバイ。大丈夫、先生たちがついてる。泣きたくなるかもしれないけど、先生たちがどうしたらいいか知っているからね。じゃあ、練習してみよう！」

そして、お見送りのシーンを練習してみます。キッズ・ファーストで、子どもが先に大人の役を演じてから、交代してもいいでしょう。練習を繰り返すことで、ルーティーン全体がなじみのあるものになり、実際の分離のときも安心していられるようになります。

移行対象

ぬいぐるみや小さめの毛布はすでに紹介しましたが、家族の写真をラミネートして持たせてもいいでしょう（透明な梱包用テープを使えば簡単です！）。分離のルーティーンに、この写真を見ることを含めることができます。親と離れたら写真を見て、「家族はそばにいる」と唱えるように教えます。子どもと一緒に、移行の対象を選んでみてください。「おうちを思い出せるように、園に持っていきたいものはある？」。

（編注：私物の持ちこみに関しては、通っている園のルールと相談の上で進めてください）

子どもと離れていたときのことを語る

お迎えに行ったあとや、数日ぶりに再会したとき、分離について話すことで、分離不安を和らげることができます。とくに、バイバイを言うときに子どもが泣いたりしていた場合は、その日の話を必ず語るようにしてください。家に帰ったあと、みんなが落ち着いていて、つながりを感じられているときに、子どもにこう話してみましょう。

「今日は、バイバイを言うのがちょっと難しかったね。大丈夫だよ。園に行ってバイバイするのはすごく新しいことだし、悲しいと感じるのは悪いことじゃないからね。先生から聞いたんだけど、あなたはそのあと、何回か深呼吸して、家族の写真を見て、お友達と輪になって遊んだんだってね。それから、ママ／パパが迎えにきて――戻ってくるって言ったもんね！――一緒におうちに帰ってきたね」

サマーキャンプに参加して帰ってきた子どもには、こう言ってもよいでしょう。

「夏休みの初めに、バイバイをするのは大変だったよね。でも、だんだんキャンプに慣れて、ホームシックじゃなくなっていったんだよね。それで、キャンプが終わって帰ってきたね。これから、楽しかった話をたくさん聞かせてね」

親と離れていた時間をどう過ごしたかを語ることで、**分離のとき起きたことは、イベント全体の一部でしかなく、体験したことすべてを塗りつぶしてしまうものではない**と子どもに思い出させることができます。

28章 夜、寝たがらない

こんなとき

4歳のコーラは、よく眠る子でしたが、最近変わってしまいました。まだ寝たくないと言い張り、2冊ではなく10冊絵本を読んでほしいと言い、親が部屋を出ていくと泣き、午前2時に起きて、父親のどちらか（訳注：同性カップルの家庭）が一緒に寝てくれないといやだと要求します。両親は戸惑い、疲れ果てています。「寝室のドアに鍵をかける」という、友人から聞いた方法を試してみようとしているのですが、なんだかまちがっているような気がして、どうしたらいいか悩んでいます。

夜のひとり寝は、安心と対極の環境

1日中がんばって育児をしたあと、切実に休息を必要としているときに、子どもが寝たくないと言ったり、寝る前の準備でぐずぐずしたり、真夜中に起きてきたりすることほど、つらいことはないですよね。往々にして、長い1日の終わりに、親が子どもから離れて過ごしたいと思うそのときに、子どもは親とのつながりをもっと続けたいと思うというのは、皮肉なことです。

睡眠の問題は究極的には分離／アタッチメントの問題です。なぜなら、子どもは（およそ）10時間もひとりきりにならなければならず、**体が眠りに落ちることができるほど安心した状態でいなければならない**からです。

思い出してください。子どもは親の近くにいるときにもっとも安全だと感じるため、アタッチメントのシステムは近さを求めるようにできています。夜の時間は、子どもにとって心から危険に感じられます。暗くて、ひとりぼっちで、体はスローダウンするのに頭の回転は速まり、怖い考えや、存在の不変性に対する不安（「見えていなくても、パパとママは存在するのだろうか？」）までもが浮かんできます。

子どもは、環境の変化を脅威とみなすため、園／学校に行きはじめたり、親の夫婦喧嘩が増えたり、下の子が生まれたり、引っ越したりすると、そのことについて説明してもらい、環境が安全だと思えるまで、親の近くにいようとします。その結果、こうした大きなイベントは睡眠の乱れを引き起こします。親の近くにいることの対極にあるのが、夜に親から離れることなのです。

あまりにも多くのケースで、**親は自分のいらだちに飲みこまれ、寝かしつけのことしか見えなくなり、子どもに起きていることの全体像を見失ってしまいます。**こうした反応は無理もないことですが、残念ながら、睡眠の問題を起こしているそもそもの原因をさらに深刻化させてしまいます。親の冷淡な態度、罰、感情的な反応により、自分を落ち着かせるために理解や助けを必要としている子どもは、さらに孤独で危険だと感じるようになります。すると、親の存在に対する欲求はさらに高まり、親はさらにいらだち……と負のサイクルが続きます。

また、やっかいなことに、睡眠についての従来のアドバイスは、ほとんどが行動主義的な考え方に従っていて、睡眠の問題の裏にあることを見逃してしまっています。

わが家でも、睡眠の問題は何度も発生しましたし、自分がときどき疲労困憊と絶望のスパイラルに陥ることも知っています。だからこそ、正しいと感じられ、子どもと親の両方を尊重し、捨てられる恐怖を増幅させないアプローチを考え出したのです。

親の睡眠が削られることへの対応も必要

アタッチメントと分離について復習してみましょう。親から離れるのが難しい子どもは、親子関係から来る安心をうまく内面化できていません。親がいるところでは安心できますが、親がいなくなると恐怖を感じがちです。子どもの環境に親の存在を注入してやれば、子どもは親が目の前にいなくても、安心、安全、信頼といった、睡眠に必要な感情にアクセスしやすくなるのです。これが、目指すべき目標です。

具体的な方法に移る前に、お断りしておきたいことがあります。子どもに安心感を育ませることがいつ、睡眠の改善に「転換」するか、正確にはわかりません。わかっているのは、睡眠に変化が生じるのには時間がかかるということ、親が望むよりも常に長くかかるということです。

睡眠に問題が生じているあいだは、夜の睡眠時間を削られる対策を考えるのも重要です。

夜に起きる担当をパートナー（シングルでなければ）と交代する、日中にあなたが休めるように子どものテレビタイムを増やす、メンタルヘルスのために有休をとって昼間に眠る……といった必要があるかもしれません。このどれも、けっして十分とは言えないのはわかっています。ですが、小さなセルフケア時間の積み重ねが変化を起こすことも知っています。

どうしたらいい？

「みんなはどこ？」

子どもに、眠ったあとも親が存在していると理解させるためには、昼間のうちに、あなたが夜のあいだどこにいるのか、子どもに話して聞かせてください。

家の中を見てまわって、こう言うことができるでしょう。

「あなたが寝たら、キッチンに行って、晩ごはんを食べて、ソファで本を読んで、それから自分の寝室に行って寝るんだよ。寝ているあいだ、ママもパパもずっとこの家にいるんだ！　朝になったら、目を覚まして、お部屋に起こしにいくよ！」

移行や変化のときは、こう付け加えることもできます。
「最近、うちでは生活にいろんな変化が起きているね。でも、変わらないことが一つある。ベッドに行っても、ママ／パパはここにいる。目を閉じてママ／パパのことが見えなくなっても、ママ／パパはここにいるし、目を覚ましたときもここにいるんだよ」

昼間の分離ルーティーンを見直す

子どもの睡眠に問題があるときは、昼間の分離にも注意してみましょう。登園／登校時はどうですか？　子どもを置いて買い物や散歩に出かけるときはどうですか？

夜の分離（睡眠）の問題を解決しようとする前に、昼間の問題に取り組んでください。夜は、とくに不安が強くなる時間ですから、体がそれほど過敏ではなく、学びを受けいれやすい昼間に、分離スキルを身につけさせる必要があります。昼間の分離への対応については、27章をご覧ください。

ロールプレイング

19章で紹介した予行演習と同じアプローチです。ぬいぐるみ、ミニカーなど、子どもが好きなおもちゃを出してきましょう。それを使って、寝る前のルーティーンをやってみて、そのときに感じる気持ちや、落ち着くための方法を確認しましょう。

「アヒルちゃんに寝る準備をさせてあげようね！」

それからアヒルちゃんに話しかけます。

「アヒルちゃん、ベッドに入って寝るのはそんなに好きじゃないよね。悲しくなってもいいんだよ。でも覚えていて。ママアヒルはいつも部屋の外にいるからね。大丈夫、安全だよ。朝になったらママアヒルが迎えに来るよ。じゃあ、ベッドに行こう」

そして、寝る前のルーティーンを実行します。

「アヒルちゃんに絵本を2冊読んだら、歯をみがいて、歌を歌って、おやすみしようね！」

子どもがいつも同じところでつまずくなら、それも含めることができます。たとえば、必ず「もう1冊読んで」と言うなら、それもロールプレイングに含めて、問題を再現し、願いを強調し、境界線を引きます。

「アヒルちゃん、もう1冊絵本を読んでほしいんだね！　わかった、もう1冊選んでごらん。ママがそれを持っていって、朝になったら読んであげる」

「アヒルちゃん、もう1冊読んでほしいんだね。2冊だけなんていやだよね。でも、いまはもう読まないよ……朝になったら読んであげる！」

親の存在を注入する

ベッドサイドに写真を置く

子どものベッドサイドに家族の写真を、あなたのベッドサイドに子どもの写真を置きます。昼間に、こう誘ってみてはどうでしょう。

「ねぇ、思いついたんだ。ときどき、すぐに眠れないと、あなたのことを考えてさびしくなるときがあってね。だから、ベッドのとなりにあなたの写真を置くことにしたんだ。そうしたら、あなたの姿を見て安心できるでしょ！　おたがいの写真を置いておいたらどうかな。フレームを作って、ベッドの横にかざろうよ」

そして、一緒にフレームを作るとよいでしょう。凝ったものでなくてかまいません。画用紙の上に写真をのりで貼り、写真の周りに模様を描いたりシールを貼ったりすれば十分です。こうすることで、写真によってだけでなく、一緒に工作をしたという安心とつながりを感じられる記憶によっても、あなたの存在を子どもの部屋に注入することができます。安全とつながりは、子どもに夜にアクセスしてほしい感情です。

手紙の差し入れ

子どもが寝るときに「あとでベッドの横にお手紙を置いておくね」と伝えておきます。手紙といっても、子どもの名前や簡単なイラスト（何を描いてほしいかきいておくのもいいですね）を描いたメモ程度のものです。子どもは夜中に起きたときに、手紙があることであなたの存在を感じて安心することができます。

ある時期、うちの娘は毎晩、娘の名前と50〜１００個ものハートをかいたメモを置いておいてほしいと言っていました（ハートの数は娘が毎日指定しました——自分に支配権があると感じる一つの方法です）。多少時間はかかりましたが、こうすることで、娘は安心を感じることができ、あまり抵抗せず寝てくれました……まちがいなく、時間をかける価値はありましたよ！

自分の子どもの頃のおまじないを伝える

もうお気づきと思いますが、わたしはおまじないが大好きです。おまじないは、深刻で手に負えなそうな出来事を軽くして、子どもでも自分で制御し集中できるようにしてくれます。わたしは、もう何年も子どもたちとこのおまじないを唱えています。

「ママはすぐそこにいる、○○ちゃんは大丈夫、ベッドは気持ちのいいところ」

子どもに初めておまじないを教えるときには、こう言うことができるでしょう。

「ママ／パパが小さいときにね、ママ／パパのお母さんが、ベッドに入るときに言う特別な言葉を教えてくれたんだ。『ママ／パパはすぐそこにいる、○○ちゃんは大丈夫、ベッドは気持ちのいいところ』。それまで、ママ／パパは寝るのがちょっと苦手だったんだけど、この言葉を言うようになってから、怖くなくなったの！」

歌うような調子でおまじないを言うことで、内容だけでなく、リズムでも子どもを落ち着かせることができます。とくに、親自身が幼い頃に唱えていたおまじないを伝えるのは、親の存在を子ども部屋に注入するのにうってつけの方法でもあります。

安全を感じられる距離

　この方法は、アタッチメント理論の原則にもとづき、子どもが安全を感じるためには親のそばにいる必要があるという事実を踏まえています。そして独立（分離）は、依存（一緒にいること）の安心から生まれます。まずそばにいることで子どもの不安を減らし、距離が大きくなっても耐えられるように導きます。

　最初は子どもの部屋、子どものすぐ近くから始めて、それから毎晩、何日間もかけて、すこしずつ離れて距離をのばしていきます（そして最後には部屋の外に出ます）。子どもにはこう説明します。

「最近、眠るのが難しくなっているよね。あなたが眠っているあいだ、ママ／パパはお部屋の中にいるね。これからいつもそうするわけじゃなくて、しばらくのあいだだよ。ママ／パパはお部屋にいるけど、お話はしないよ。昼間じゃないからね。あなたが安全だっていうことがわかるように、そばにいるよ」

　やり方は次の通りです。

大事なルール 部屋の中では、子どものほうを見ないでください。あなたは、そばに存在するためにそこにいるのであって、かかわり合うためではありません。

ステップ1 子どもが安全だと感じるのに必要なだけ、子どもの近くにいる

安全と感じているかどうかの見分け方は、子どもが落ち着いているかどうかです。ベッドに座り、背中をさするところからスタートしましょう。最初の3日間は、この距離をキープします。

ステップ2 子どもに直接ふれない距離に移る

すこしずつ距離をとっていきます。次の「地点」は、子どもにはふれずにベッドに座るか、ベッドの上ではなくベッドの横に座るのがいいでしょう。

ステップ3 ドアのそばに座る

数日たったら、ドアに近づき、床に座ります。

「今夜は、新しいことができるね。今夜は、ママ／パパはベッドに座らないよ。お部屋の中で、あなたのいすに座っているよ。大丈夫、あなたならできる！」

ステップ4 「前進と後退」を繰り返す

子どもが怖がったり、調整を失ったりしたら、目線は床に向けたまま、寝かしつけのおまじないをゆっくり、やさしい声で唱えます。それでも怖がっていたら、すこしだけ近づきます。安全な距離を見極めるのに、「前進と後退」を繰り返すのはふつうのことです。思うように前進せず、自分がいらだちや怒りを感じていると思ったら、あなたにもおまじないが必要です。

「いつかは終わりが来る。子どもはいつかは寝る。わたしは乗り越えられる」

ステップ5　ドアの外へ

距離をのばすことを続けます。ドアの近く、ドアの位置、そして何日かたったら、すこしだけ開けたドアの外まで遠ざかりましょう。

安心ボタン

これは、子どもが「あなたの声」であなたの存在を感じて安心するための方法です。具体的に説明しましょう。

まず、少なくとも30秒間音声を録音できるボタンを入手してください（オンラインでお手頃価格のものが売られています）。あなたがひとりきりで、落ち着いているときに、調整された、心地よい声で、寝かしつけについての子どもへのメッセージを録音します。子守歌の一節でも、子どもが使うおまじないでも、朝に会おうねというメッセージでも、あなたがいないときに子どもを落ち着かせてくれるものであれば何でもかまいません。

このボタンをどのタイミングで何回押すかを、寝かしつけのルーティーンに含めます。または、親を呼び寄せる前に不安な自分に対処するために使うこともできます。

「この安心ボタンを使ってみよう。ママ／パパのことを呼びたくなったら、その前に4回、最初から最後までこのボタンを押して聞いてみて。ドアの向こうで待っているから、あなたがボタンを使ったらすぐにわかるよ。4回聞いてみても、まだ眠れそうになかったら、部屋に入って、背中をさすって、あなたは安全だって言うからね。そうしたらまた最初からやり直そう」

ボタンはあなたの存在と、あなたとのアタッチメント的関係の安らぎ効果を子ども部屋に注入します。子どもは、あなたが実際にはそこにいなくても、あなたにアクセスすることができ、ボタンを押してあなたの声を聞くことができます。安心を感じるためのツールを何も持たず、孤独で無力だと感じているときとは、大きなちがいがあります。

29章 ひといちばい感じてしまう

こんなとき

6歳のマウラは、4歳の妹イスラの近くで遊んでいます。イスラのつまさきをくすぐり始めたかと思うと、だんだんエスカレートして、つねったり、軽く押したりしはじめました。母親のアンジーは、子どもたちのあいだに入って言いました。

「マウラ、たたかせないよ。怒ってもいいし、それはママもわかっているけれど、たたくことはさせない」

すると、たちまちマウラは叫び出しました。「やだやだ！　あっちに行って！」。アンジーがいらっとして「どうしていつもすぐ興奮するの!?」と返すと、マウラはますます怒りくるって、アンジーを蹴り、叫びます。

「大きらい！　本気できらい！」

アンジーはどうしたらいいかわかりません。マウラは何を求めているのでしょう。

なぜ、楽しく遊んでいたのに一瞬で乱暴になってしまうのでしょう。

ひといちばい感じる子ども（ＤＦＫ）とは

一部の子どもは、ほかの子どもより感じやすく、簡単に興奮してしまいます。このとき生じている強い感覚は、長く続きます。もし心当たりがあるなら――この説明が自分の子どもに当てはまるなら――はっきり言わせてください。あなたの気のせいではありません。あなたの子どものかんしゃくは、ほかの子どもたちより頻繁で、長く続き、そして激しいものでしょう。もう一つ、明確にしておきたいことがあります。あなたの子どもにも、あなたにも、何の問題もないということです。もう一度目を通していただきたいので、もう一度書いておきますね。**あなたの子どもにも、あなたにも、何の問題もありません。**

わたしはレッテルを貼るのは好きではありませんが、このタイプの子どもを説明する言葉の存在は、親がコミュニケーションをとり、サポートを得るのに役立ちます。こうした強い感情を持つ子どもに、わたしは「ひといちばい感じる子ども（Deeply Feeling Kids／ＤＦＫ）」というラベルを使っています。

たしかに、ＤＦＫは扱いが難しく、特に感情に圧倒されているときのＤＦＫの子には、かんしゃくに関する章（13章、14章）などで紹介してきた、感情について話す方法とは異なる対処を必要とします。すでに火がついている状況のＤＦＫの子どもと感情について話そうとすることは、火に油を注ぐことになりかねません。ＤＦＫの子どもは、人の助けを受けいれるのが苦手で、感情の話をしようとすると「やだ！」と叫び、かんしゃくがよりエスカレートします。

ここで重要なのは、あなたは「何もまちがったことをしていない」ということです。あなたはまちがったことを言っていないし、言い方もまちがっていません。ＤＦＫの子どもは、圧倒的な感覚に飲みこまれているので、あなたが差しのべている直接的なサポートを受けとることができないだけなのです。それがどんなにいらいらすることか、疲れることか、拒絶されているように感じるか、わたしもわかっています。

いま、あなたはＤＦＫの子どもとの大変な時間を思い出しているかもしれません。あなたは後悔するようなことを言ったかもしれないし、あなたも子どもも正しいと感じられないような反応をしたかもしれません。深呼吸しましょう。「わたしはダメな親だ」という声が聞こえていませんか。その声にあいさつして、それから自分に対する思いやりの声を見つけてください。そちらの声に、耳を傾けましょう。「あなたはこうやってこの本を読んでいる。反省し、学習し、新しいことを試そうとしている――なんてすごいんだ！」という声です。究極の真実をもう一度思い出しましょう。あなたはよい親で、あなたの子どもはよい子どもです。ただ、困難なときがあるというだけです。

助けようとする行動すら、攻撃に感じてしまう

ＤＦＫを理解するには、進化の過程までさかのぼる必要があります。こうした子どもにとって、弱さは恥じる気持ちとかぎりなく近いところにあります。思い出してください。恥じる気持ちは、人を原始的な自己防衛状態にします。その結果、シャットダウンしたり、他人を攻撃したり、人を拒絶したりするのです。**助けようとする親の行動ですら、攻撃のように感じられるから、ＤＦＫの子どもはまさに助けを必要としているときに親を押しやってしまうのです。**

その上、ＤＦＫの子どもは、自分は「悪い子だ」と心の中で感じることに対してとても弱くできています。自分を圧倒している感情や感覚が、周りの人のことも圧倒するのでは

ないかと心配し、自分の感情が人を遠ざけてしまうことを恐れます。DFKの子どもは、親が自分に「耐えられる」かどうか、自分を「扱いきれる」かどうかを心配しています。

もちろん、これらの不安を言葉にするわけではありませんし、そもそも自分のことをそのように理解できているわけでもありません（正直に言えば、大人だって、自分についてこういった事柄をうまく言語化するのは難しいでしょう）。ですが、これが、DFKの子どもが抱えている核心的な真実なのです。

こうした激しい感情や反応がどんなふうに展開するか、一つ例を見てみましょう。あなたの子どもは、ひといちばい感じるタイプの女の子で、誰かと何かを分け合って使うのが苦手です。友達の手からおもちゃをひったくって、返そうとしません。

DFKではない子どもの場合、親が介入して、「一緒に使うのは難しいよね！　ママ／パパがここにいるよ、一緒に解決しよう」と言えば、子どもはおそらく、境界線や安心という形で親が差し出すサポートを受けいれるでしょう。ところが、DFKの子どもの場合、こうして助けの手を差しのべることは、感情の爆発を引き起こすことがあります。DFKの体の中では、傷つきやすい状態（「わたしはおもちゃが欲しかった……だからひったくっちゃった……そうしなければよかった……」）は、強く恥じる気持ちを引き起こします

（「あんなことをするべきじゃなかった、わたしは悪い子だ」）。

ですから、この場面では、親が近づいてきたとき、「あっちに行って」とか、「あのおもちゃがなきゃヤダ、大っきらい！」と泣き叫ぶのも当然のことです。このとき、ＤＦＫの子どもは、自分の感情の大きさと恐ろしさに圧倒されていますが、外からは人を傷つける理不尽な行動に見えます。

心も体もひとりぼっちにしない、それだけ

ＤＦＫの子どもがエスカレートしたり、たたいたり、ひどいことを言ったりするきっかけは、大人にとってはささいな出来事であることが多いため、親は拒絶や否定などの反応をしてしまいがちです。こんなことを言ってしまうかもしれません。「ふん、わかったよ、あっちに行くよ」とか「いやいやばっかり言ってて、もう知らない」とか。

ＤＦＫの子どもが感じている中心的な恐怖の一つは、自分を圧倒する感情が他者も圧倒するのではないかというものです。すごくいやで、対処しきれないと感じる気持ちが、実際に悪いもので対処不可能なのではないかと恐れているのです。子どもは、ＤＦＫの子も

そうでない子も、自分の感情のうちどれが対処可能でどれがそうでないかを、信頼する大人の反応を見て学んでいきます。ですから、**親が怒鳴ったり、きつい言葉を投げかけたり、拒絶したりすると、ＤＦＫの子の調整不能のパターンはより悪化します。**

ここで、友達のおもちゃをひったくった子の例に戻ってみましょう。介入した親に対して、子どもが「大きらい！」と叫んだとします。この子が本当に伝えたいのは、こういうことです。「わたしがおもちゃを取ったのは、欲しいけれど手に入らないという気持ちに対処しきれなかったからで、しかもいまは、それに加えて、自分が悪い子で愛されないのではないかという内側の不安が生じはじめている。この不安は、わたしの体を脅威の状態にしてしまったから、わたしは自分自身を全力で守らなければならない」。

この瞬間、ＤＦＫの子が親に理解してもらう必要があるのは、確かに表面では制御を失って攻撃モードに入っているように見えたとしても、その裏では、脅威と恐怖を感じ、圧倒された状態にあるということです。そして、親の助けを必要とする一方で、脅威の状態にあるために、周りの人がみんな敵に見えてしまい、直接的な助けを受けいれることができないでいる、ということです。

こうしたときに親ができることは「スペースを確保する」ことです。文字通り、子どもの近くでスペースを確保し存在しつづけることによって、子どもを圧倒している感情が世界を飲みこんだり、子どもをひとりぼっちにさせたりすることはないと、子どもに理解させます。**DFKの子の親は、問題を解決するのではなく、ダメージを最小限にすることに尽力しなければなりません。**表面で起きていることを修正しようとするのではなく、子どもの問題を広い視野でとらえる必要があるのです。

どうしたらいい？

非難モードから好奇心モードへ

親は、非難モードに入っているとき、子どもの行動について自分を責めることと、子どもを責めることとのあいだを行ったり来たりします。この思考を好奇心モードに変えていく必要があります。その思考を言葉にすると、このようになります。

非難モード　わたしは子育てに失敗して、もう取り返しがつかないんだ

好奇心モード　何が起きているんだろう？　何が必要なんだろう？

非難モード　うちの子はどこかおかしいんだ。ほかの子とはちがっていて、一生このままなんだ

好奇心モード　うちの子は、外側で行動しているように、内側でも感じているんだな。なるほど、制御がきかなくなって、自分はすごく「悪い」子だと感じているんだ！

自分の内側に目を向けて、ＤＦＫの子に何か難しい出来事が起きたとき、あなたがどんなモードにいるか、気をつけて見てみてください。それが非難モードでも、やさしく接しましょう。「やあ、非難の気持ち。ぼくを乗っ取りたいんだね！　でもいまは、下がっていてもらえないかな。ぼくが好奇心にアクセスできるように。ぼくには、好奇心もあるはずなんだ」。それから、問いかけを始めましょう。

炎を封じこめる

この方法の背景にある考え方は14章を、くわしい方法は14章の「炎を封じこめる」（p.214）を参照してください。

ここで強く伝えたいことは、**絶対に、最後までやり通してください**ということです。それはあなたが「勝ちたい」からでもなければ、「子どもに誰がボスかを知らしめるため」でもありません。最後までやり通す必要があるのは、子どもに、あなたが子どもの調整不能に負けていないことを見せなければならないからです。

どう見ていたかを伝える

もしかしたら、ＤＦＫの子が困難に陥っているとき、いちばん意識が向いているのは、親が自分のことをどう見ているか、かもしれません。ＤＦＫの子はあまりにも自分に圧倒され、自分は悪い子だという思いにおびえているので、その最大の恐怖を裏付けるサインを親が出しているかどうかを非常に警戒しています。

激しいかんしゃくが去ったあとでよいので伝えてみてください。

「さっきは大変だったね。わかるよ。あなたはよい子で、つらい思いをしていただけ。ママ／パパはよくわかってる。あなたが大好きだよ。これからもずっと」

ときに、親が子どもにしてやれる最善のことは、これだけ――愛情のこもったまなざしを子どもに向け、困っている子どもを助けると心に決めることだけなのです。

存在して待つ

もし、ＤＦＫの子との接し方を一つだけ覚えるとするなら、この「存在して待つ」にしてください。あなたの存在ほど、効果的なものはありません。

すべての子ども、中でもＤＦＫの子が何より必要としているのは、つらい思いをしているとき、親の物理的身体がそばにあることです。親の存在は、「あなたはよい子。愛される存在。手に負えないなんてことはない。あなたは一人じゃない。わたしはあなたを愛しているし、あなたのためにここにいる」ということを、どんな言葉よりもよく伝えます。これらのメッセージは、ＤＦＫの子がのどから手が出るほど欲しがっているメッセージであり、同時に、なかなか受けいれることのできないメッセージでもあります。

ただし、存在するとは、あなたが自分のためにタイムアウトをとることができないということではありません。たとえば、激しい感情爆発を起こした子どもと一緒に子ども部屋で座っている場合、このようにして「親のタイムアウト」をとるとよいでしょう。子どもにこう声をかけます。

「あなたが大好きだよ。ママ／パパはちょっと広いところに行って、体を深呼吸させせなきゃいけないの。このドアの外に出て、すぐ戻ってくるからね」。

これは、「そうやってかんしゃくを起こしているときは一緒にいたくない！」と怒鳴るのとは大ちがいです。タイムアウトをとるときの重要な要素は、自分の体を落ち着かせる必要があると説明すること、非難は一切しないこと、戻ってくると明確に宣言することです。

サムズアップ／ダウン／サイド

感情調整を身につけさせるには、感情について話すことが効果的です。でも、ＤＦＫの子は、感情について話すのを嫌う傾向があります。感情について話すことは、大変すぎるとか、強烈すぎるとか、わずらわしいと感じるのです。ＤＦＫの子にとって、感情は自分の弱さのすぐ近くにあります。ご存知の通り、弱さは恥じる気持ちのすぐ近くにあり、シャットダウンを引き起こします。

ＤＦＫの子と感情について話そうとするときには、サムズアップ／ダウン／サイドというゲームを取り入れてみてください。

「今日は、ちょっとちがうことをやってみようと思うの。横になってごらん。ママ／パパのほうは見ないでね！　アイコンタクトはなし。何か言うから……賛成だったら、サムズアップ（親指を上に立てて）。反対だったら、サムズダウン（親指を下に向けて）。正しくもないし、まちがいでもなかったら、サムズサイドしてごらん（親指を横に向けて）」

このとき、子どもがベッドの下やものかげに隠れようとしたら、ぜひ、そうさせてあげてください！　姿が見えなくなることによって、むしろ、子どもの気持ちは見えやすくなるのです。次に、ありえない、おもしろいことを言ってみましょう。確実にサムズダウンになるようなものです。たとえば、こうです。

「今日わたしが妹に怒ったのは、妹が500個アイスを持って帰ってきたのに、わたしには一つしかくれなかったからです」

子どもはこれを聞いて、にやっとするか、ちょっと笑うかもしれません。すると雰囲気は和らぎ、その場がもっと安全に感じられるようになります。そうしたら、次はこう言ってみます。

「今日わたしが妹に怒ったのは……お姉ちゃんでいるのは大変なことで、ときどき、自分がひとりっこだったらいいなと思うからです」

間を置いて、すこし待ちましょう。返事や、サムズアップが返ってきたら、それでよしとしてください。**何か言葉で説明しようとしないでください。**これはあなたにとっては大きな変化でしょうから、「聞こえたよ」とか「わかったよ」とだけ言うくらいならかまわないでしょう。そうすることで、子どもはすこしずつ、感情や弱さ、つながりに対する耐性を育んでいきます。

この本を読んでくれたみなさんへ

この本では、たくさんの知識や方法を紹介しました。情報は、力にもなりますが、ときに感情の波に向き合うことになります。「なるほど、子どもにそうやって返事しようなんて思ってもみなかった――合理的だし、気分もよいだろうな」と思ったとたん、すぐに罪悪感が現れて、「わたしはひどい親だ」とか「うちの子に取り返しのつかないことをしちゃった」となるのです。こうした感情や思考が強すぎて、フリーズしてしまい、新しい情報を苦痛の源だとみなして目を背けたくなることもあるでしょう。すると、危険なサイクルができあがります。現状を変えたい→自分のそれまでの育児のやり方を批判する→不快な感情や考えが押し寄せてくる→変化から目を背けて不快な内的体験から逃げようとする→古いやり方を続ける……。

けれど、わたしにはこのサイクルを打ち破るためのアイデアがあります。とっても短い言葉（たったの7文字！）だけれど、変化を可能にする大きな可能性を秘めた言葉です。

GOOD INSIDE

“内側ではよい親”

子どもに怒鳴るとき、残業して寝かしつけに間に合わなかったとき、保育園のお迎えが遅れたとき、子どもにあやまる代わりに、感謝が足りないと叱ってしまったとき、いままさにこのとき、こうしてこの本を読んで、変化について考えているとき……あなたはまちがいなく内側ではよい親です。自分が内側ではよい人間であることを再発見し、変化してさらによくなろうとしている大人たちの一人です。

自分は内側ではよい人間だと気づくことは、行動の責任をとらなくていいということではありません。むしろ、自分はよい人間だという土台にしっかりと足をつけて立つことで、自分の行動の責任をとることができるようになります。自分が内側ではよい人間だと心から信じるとき、わたしたちはより内省的に、そして誠実に自分の行動に目を向けることができるのです。

Author photograph by
Melanie Dunea

著 ベッキー・ケネディ BECKY KENNEDY

臨床心理学博士(クリニカルサイコロジスト)。3児の母。デューク大学で心理学を専攻し、コロンビア大学で臨床心理学の博士号を取得。育児指導を中心としたカウンセリング業を個人で営む。
新型コロナウイルス感染拡大によるロックダウン時のインスタグラム投稿が話題を呼び、200人だったフォロワーが急増(現293万フォロワー※)。『タイム』誌に「The Millennial Parenting Whisperer(ミレニアル世代の子育て救世主)」と評されるほど話題に。子育てプラットフォーム「Good Inside」を立ち上げ、書籍、ポッドキャスト、ワークショップなど多方面で活動している。ニューヨーク在住。
※2024年10月現在

訳 綿谷 志穂 SHIHO WATATANI

翻訳者。特許事務所での特許翻訳者を経て、出版翻訳へ。映画、K-POP関連書籍の翻訳協力、共訳多数。単独訳書に『赤ちゃん寝かしつけの新常識』(小社刊)。

GOOD INSIDE
子どもにとってよい子育て

2023(令和5)年10月16日　初版第1刷発行
2024(令和6)年11月1日　初版第2刷発行

著者	ベッキー・ケネディ
訳者	綿谷 志穂
発行者	錦織 圭之介
発行所	株式会社東洋館出版社 〒101-0054 東京都千代田区神田錦町2丁目9番1号 コンフォール安田ビル2階 (代　表)電話 03-6778-4343　FAX 03-5281-8091 (営業部)電話 03-6778-7278　FAX 03-5281-8092 振替 00180-7-96823 URL https://www.toyokanbooks.com/

装丁・本文フォーマット	坂川 朱音(朱猫堂)
装画	里見 佳音
印刷・製本	岩岡印刷株式会社

ISBN 978-4-491-05345-5/Printed in Japan